雪域将军

——郭毅力

中共中央宣传部宣传教育局
中央军委政治工作部宣传局 编
中国人民武装警察部队政治工作部

人民出版社

目 录

引 子

有那样一个人——

他是中国共产党的优秀党员，忠诚的共产主义战士，党和人民的忠诚卫士，优秀的军事指挥员。

他是捍卫国家统一、维护民族团结、献身雪域高原的英雄。

他是自觉践行党的优良作风、深受广大官兵拥戴的密切联系群众的模范。

他是忠诚党和人民的事业、全心全意为人民服务的楷模。

他是用生命践行当代革命军人核心价值观的典范。

……

有那样一个人，他的一生——

是理想信念坚定、对党和国家无限忠诚的一生。

是扎根雪域高原、矢志弘扬"老西藏精神"的一生。

是坚定捍卫国家安全、坚决维护和谐稳定的一生。

他的一生——

是鞠躬尽瘁、死而后已的一生。

是爱岗敬业、为部队建设呕心沥血的一生。

是热爱人民、服务西藏各族群众的一生。

是公道正派、清正廉洁的一生。

……

能够获得党和人民如此之高评价的人，凤毛麟角，但这些评价又确确实实地集中在一个人的身上，他就是郭毅力——武警西藏总队司令员（正军职）。

然而，天妒英才！

2013 年 7 月 10 日上午 9 时 30 分，郭毅力将军因突发心脏病经全力抢救无效不幸因公殉职，年仅 56 岁。守护圣洁的雪域高原 38 载，他突然走了，像一朵白云飘向九霄，像一缕清风飞向远方。

草木为之含悲，山河为之呜咽。

将星陨落，国失栋梁。

再看不见他的伟岸雄姿，再听不见他的谆谆教导，再握不住他温暖的双手，但他的事迹在传扬，他的名字在闪光，超越了时间，跨越了空间，"死去何足道，托体同山阿"，他画出的不是生命的休止符，而是奏响了人生的最强音。

生命虽然短暂，浩气永远长存。

生命虽然短暂，精神永远流传。

生命虽然短暂，却依然是那样五彩斑斓、灿烂辉煌。

沿着将军走过的足迹，我们在茫茫的雪域高原追索，追索将军 56 年的多彩人生，38 载的真诚守护；我们在座座军营探寻，探寻那些曾经可歌可泣的故事，那些难以磨灭的细节记忆。这不仅是对将军的最好怀念，也为后来人、我们这些生者，找到了砥砺心灵的更好激励。

让我们走进一个将军的人生历程，听听他的故事，感受他的火热与赤诚，见证他的豪迈与睿智，捧起那份对家国天下深沉的爱，将他的精神弘扬……

摄影：杜云丽

绿

扎根雪域情满军营

绿色，象征着生机与活力，更是部队的代表色。郭毅力就像一棵挺拔的青松，根深深地扎在高原的泥土里，每一份情，每一份爱，每一份责任，每一份使命，都幻化为绿色的枝、绿色的叶，守护着这片圣洁的土地，关爱着身边的一兵一卒，我们从中读懂了什么叫责任，什么叫奉献，什么叫担当……

历经磨砺始成金

四川雅安，是一个距离成都只有百余里的美丽城市，素有川西咽喉、西藏门户、民族走廊之称，不但是历史文化名城，也是新兴的旅游城市。那里也是大熊猫的故乡，在雅安发现了世界上第一只大熊猫，雅安碧峰峡基地是中国目前最大的保护大熊猫研究中心。长征时，红军翻越的夹金山，也位于雅安境内。

这个历史悠久、人杰地灵的地方，注定会人才辈出。

1958 年 5 月的一天，雅安的一户普通居民家中，传出了一阵新生婴儿的哭声，那哭声是如此响亮……添丁加口，尤其是增添了男孩，本来是件高兴的事，但"生不逢时"，连年自然灾害，多一张嘴，多一口人吃饭，也就意味着这个并不富裕的家庭又加重了一层负担。

哪个孩子不是父母的心头肉啊，看着刚生下来的儿子，当狱警的父亲郭全忠长叹一口气，"就叫他毅力吧，希望老天爷保佑他平安活下来。"

"物竞天择，适者生存"，虽然家里很贫寒，但小毅力依然顽强地成长着，生活的艰难，环境的严峻，只能锻炼他不屈的意志，增添他不服输、不放弃的坚强。再累再饿，喝点

少年郭毅力（后排中）。

米汤，半饥半饱的就挺过去了；再苦再难，咬咬牙就扛过来了。在和生活拔河的比赛中，他从来没有退缩，因为他知道自己叫"毅力"。

郭毅力从小就感受到了生活的艰辛，所以特别懂事，很小就知道为这个家多分担一点，减轻父母的压力，这种责任感与生俱来。上小学时，一到节假日，郭毅力就到河坝里背石头，挣来的钱既可以交学费，剩下的又能贴补家用，他觉得这事儿两全其美，所以干得特别卖力。

三伏天里，骄阳似火，大人们会躲到阴凉处歇息，但郭毅力从不"偷懒"；数九寒天，滴水成冰，大人们时常烤烤火，但郭毅力很少往前凑，他说："干起活来浑身都冒汗，也感觉不到冷，何必费那个功夫。"稚嫩而瘦弱的身影，背着满背篼沉重的石头，在河坝里穿梭，成为一道独特的风景。"娃子，喝口水，歇口气吧。"别人这样叫他时，郭毅力总是微笑着拒绝，"没事。你们每趟都背得多，我再歇，就更掉队了。"

"这娃儿，有一股子不服输的劲头，有股狠劲儿，将来必成大器。"大人们这样议论。慢慢的，"郭不服"的绰号也传开了。

中学时期的郭毅力（后排中）。

精忠报国绘人生

　　1976 年底，未满 18 岁的郭毅力如愿以偿穿上军装，成为一名武警战士，到西藏公安厅武装民警处直属中队服役。

　　郭毅力回忆起当初进藏的经历时说，"我们新训三个月以后，坐了六天的火车才到了西宁，闷罐车，然后又从西宁坐解放卡车走了四天四夜到达格尔木，调整三天，又走了六天七夜然后才到拉萨。进一次藏少则半个月，多则 20 天。

光荣应征入伍（前排右）。

保家卫国，应征入伍（前排右一）。

训练场上的郭毅力。

在布达拉宫前留影。

闷罐车里面只能睡自己的背包，没有座位，32个人坐一辆解放卡车，那个公路完全是沙石路，每天下来我们的衣服和头全是一层白面，整个擤出来的鼻涕全是很浓的砂浆。"

当时的拉萨，条件非常艰苦，商业跟不上，连吃点绿菜都很难。部队上差不多天天是压缩干菜或就着罐头下饭，营养跟不上，再加上高寒缺氧，战士们掉头发，嘴唇裂口子，指甲凹陷，很多人都受不了这个苦。作为一名新兵，郭毅力却满不在乎，他觉得这和他小时候吃的苦比起来已好多了，"到什么山唱什么歌"，既然来了，就要好好干，干出成绩，郭毅力时常给自己打气。他曾乐呵呵地对战友说，"连绵的雪山是我们的爱，刺骨的寒风是我们的歌。来到拉萨、进了警营，我才真正找到扬帆远航的人生起点。"

"连绵的雪山是我们的爱，刺骨的寒风是我们的歌。"郭毅力（右）与战友们在一起。

"在部队这个大熔炉里，我要把自己锻造成好钢。"

——郭毅力

"海阔凭鱼跃，天高任鸟飞。"青春年少的郭毅力就像展翅的雏鹰，在无疆的天宇尽情翱翔，在部队这个大熔炉里，他要把自己锻造成好钢，锻造成对国家、对人民有益的栋梁。当然，路还是要一步一个脚印踏踏实实地走下去。

一入中队，郭毅力就给自己定了个目标——新训结束要超过班长！怎么超？就是每次都努力超一点。他和班长摽上了劲儿，在技能训练方面，单杠大循环要超班长几个，俯卧撑要超班长 10 个以上，精度射击也要超过班长几环；在政治教育方面，郭毅力不但记住了新兵只需要记住的一些基本常识，还暗自加码，将"三大条令"和一整本《西藏风物志》原原本本地背了下来。新训考核时，郭毅力表现突出，一鸣惊人，令中队长、指导员等主考官刮目相看，都说这个新兵可不简单。

　　一分耕耘，一分收获。天下没有免费的午餐，在成长的

新训考核时，郭毅力表现突出。

钢枪手中握，祖国在我心。

道路上没有捷径可走，你比别人付出得更多，进步自然比别人更快。这是郭毅力的信条，他坚持这样去做。1979年2月，入伍两年多，郭毅力就光荣地加入了中国共产党。他在当天的日记中写道："入了党，我就从自然人和社会人跃升为党的人，党性就成了我最基本的品性，忠诚于党就成了我永恒的誓言。任何情况下，我都要做到绝对忠诚、绝对纯洁、绝对可靠，都要做到在理想信念上坚定不移、在政治立场上光明磊落、在职责使命上义不容辞！"这成了他一生的忠诚誓言。

1980年6月，郭毅力被破格提干，22岁担任西藏边防武装警察总队机动中队排长。此后，因各方面表现出类拔萃，郭毅力屡获提升，先后担任西藏边防武装警察总队机动中队副中队长、队长，西藏拉萨机场安全检查站副站长、站长。

"入了党，忠诚于党就成了我永恒的誓言。"

——郭毅力

"腹有诗书气自华"，郭毅力在武装学院边防系学习。

1985 年 7 月到 1987 年 11 月，组织上派郭毅力到武装警察部队学院边防系学习。当兵前没念过多少书的郭毅力对知识的渴望远超一般人，他扎在书堆里，如饥似渴地学习，两年的时间比别人四年学的还多，毕业时，郭毅力成绩优异、表现良好，被评为"优秀学员"。"腹有诗书气自华"，充了电，知识体系更加完备、系统，开阔了眼界，更增添了自信。学成归来后，郭毅力先后担任了武警西藏自治区总队聂拉木边防检查站副政委、政委，武警西藏总队原教导大队政委、原拉萨指挥学校副校长、校长，武警西藏总队后勤部部长、参谋长、副总队长。2007 年 11 月，任武警西藏总队

在武警西藏自治区总队聂拉木边防检查站。

"路还是要一步一个脚印踏踏实实地走下去。"

——郭毅力

"把真情留在雪山，把幸福留在高原。"

——郭毅力

"你们不知道，我们西藏才是世界上最美的地方。"

——郭毅力

总队长（副军职），提前晋升少将警衔。2012年10月任武警西藏总队司令员（正军职）。

从1976年参军到2007年晋升少将，郭毅力用30年的时间，完成了从普通一兵到将军的华丽转身，从一个懵懂少年成长为我军的高级将领，创造了人生的奇迹，书写了军旅生涯的辉煌，这里有组织的关怀与培养，但更与个人的努力与付出息息相关。

扎根高原不言弃

"你们不知道，我们西藏才是世界上最美的地方。"这是郭毅力时常和亲朋好友说的一句话。他虽然出生在雅安，但在那里只生活了17年，在西藏却生活了38年，他早已把西藏当成了第一故乡，把根深深地扎进了这片土地。

随着职务的晋升，肩上的担子越来越重，郭毅力明白，党和国家把他放在这么重要的岗位上，饱含着信任与重托，他只有把全部的身心都扑在上面，付出十二分努力，才能履行好职责，才能不辜负党和人民及广大官兵的信赖。

西藏平均海拔4000米，空气稀薄，含氧量不足，长期在这样的环境下生活，难免会患上各种高原病。郭毅力虽然

郭毅力把西藏当成了自己的故乡，把根深深地扎进了这片土地。

身体素质很好，但也不能幸免。入伍十多年，郭毅力三十几岁就患上了痛风病。这种病是由单钠尿酸盐沉积所致的晶体相关性关节病，一发作起来，相关关节处疼得撕心裂肺，连行动都很困难。郭毅力的尿酸超过正常值1倍多，手指、脚踝和膝盖红肿得厉害，手指、双腿无法并拢，时常疼得吃不下饭、睡不了觉，走路都得扶着东西。最开始的时候，他让战士找了两根木棍，一瘸一拐地奔走在基层官兵中间，2008年7月，妻子钟玲买了一副普通医用拐杖，作为建军节礼物送给了郭毅力。收到礼物的当天，郭毅力一试，拐杖比木棍舒服多了，也体面多了（当时郭毅力已晋升少将警衔），当即开心地笑了，他说，"有了这么先进的装备替代双节棍，小小痛风又怎能困住我的脚步？"他甚至高兴地唱起歌来，"革命人永远是年轻，他好比大松树冬夏常青，他不怕风吹雨打，他不怕天寒地冻，他不摇也不动，永远挺立在山顶……"

但是，木棍、拐杖毕竟治不了病，20多年来，郭毅力不得不大量服用治疗痛风的药物，这些药物虽然有一定的治疗作用，但副作用也不小，有的会引起肠道反应，有的会对心血管造成潜在影响，随着时间的推移，肌体耐药性在增

"扎根高原，献身使命，做党和人民的忠诚卫士。"

——郭毅力

郭毅力从不叫苦，总是用微笑面对生活。

强，药物已不怎么管用，痛风发作得越来越频繁，越来越剧烈，持续时间更长。药物的毒副作用叠加其他因素，失眠、腹泻、牙痛、心脏功能减弱等问题也都找上门来。失眠严重的时候，郭毅力曾一次吃过七八片安眠药才勉强睡上几个小时。他的牙齿基本都坏了，只能吃软一点的食物。

但是，面对病痛的折磨，郭毅力从不叫苦，更不会退

缩，他总是表现出坚强的一面，用微笑面对生活。他的根在
这里，他的位置在这里，他的责任也在这里，他无路可退，
唯有迎难而上。

　　1991年，郭毅力的女儿郭琦出生了，当时他和妻子都
在西藏工作，条件太艰苦，孩子出生后只能抱回四川老家，
由姥姥抚养。孩子一岁三个月了，第一次来西藏，见到了亲
爸亲妈却不认识，一个劲儿往姥姥身后躲，钟玲的泪珠子啪
嗒啪嗒地往地下掉……迫不得已，郭毅力请求组织将钟玲调

郭毅力克服生活中的困难，坚守在高原上。

他怀着一颗赤子之心，与雪山草原融在了一起。

他把青春年华奉献给了这片苍凉雄伟的土地。

回了四川，照顾孩子和老人，而他依然在高原上坚守。

2006年10月，大好的机会摆在郭毅力面前，他只要转业回四川，就可赴任某厅厅长。这样，既可以一家团聚，又可以很好地医治病痛，这是打着灯笼也难找的好事啊，但郭毅力真的不想脱下这身军装，这身"橄榄绿"穿了30年了，怎能轻易就脱了。在重大的人生抉择面前，郭毅力左右为难。这时，武警部队首长找他谈话，希望他留下来，郭毅力迅速下定了决心，他说，"我是共产党员、革命军人，既然组织还需要我在雪域高原继续战斗，那么，留下来就是我唯一的选择。"

郭毅力有两句"口头禅"："忠心日月可鉴，忠诚染绿高原！""为西藏社会稳定而生，为西藏人民幸福而死！"他是这样说的，字字句句掷地有声，振聋发聩；也是这样做的，上有青天为据，下有绿草为证。

他的位置在哪里，他的责任就在哪里。

他毅然挺进西藏，为保祖国安宁，报国为民义无反顾。

铁骑走边关，持枪逐苍凉。三横两竖磨砺男儿刚强。

祝福战友，祝福西藏。

为国戍边，忠诚卫士。

血肉之躯钢铁汉

　　郭毅力长得白白净净，戴着一副眼镜，1 米 78 的个头，看上去文质彬彬，非常帅，但他却是真正的钢铁汉子。少年时的磨砺，几十年军营生活的历练，造就了他的铮铮铁骨，也树立了一名真正军人的典范。

　　长期在高原工作，郭毅力患上了心脏病。保健医生多次建议他到内地进行系统治疗，可每次都被拒绝了。他私下里跟保健医生说，我哪有时间啊，只要不是得了癌症，我就要坚守在工作岗位上，我不能当逃兵。保健医生苦劝无果，只能提醒他要合理膳食，注意休息，对此，郭毅力总是一笑而过。对于他来说，只要没有病到起不了床、走不了路就不算病，就不能耽误工作。

　　2009 年 7 月 10 日，这一天正值周末。一大早，郭毅力像往常一样来到办公室，时间还早，公务班的两名战士还在酣睡，他推开门看了看，又轻轻地带上门回到了办公

一颗赤子之心，与雪山草原融在了一起。

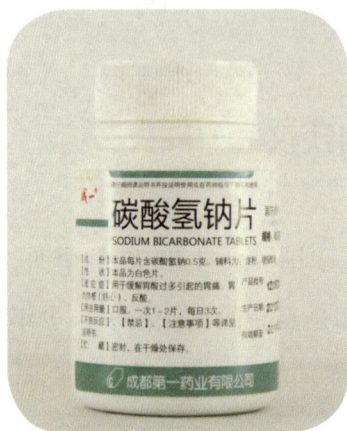

郭毅力随身带着的胃药。

室。他习惯性地伸了个懒腰，然后打开窗户，深深地吸了一口气。远处还灰蒙蒙的一片，他打了个哈欠，然后坐下倒上一杯水，顺手从桌子上的一摞文件里拿出一份看了起来。他看得很仔细，不时地用笔写下几个字。然而，坐下不到半个小时，他突然感到心脏特别难受，而且越来越严重，像针扎一般。他疼得赶紧用左手捂住了胸口，右手里的笔却还在飞速地写着。他本想通过这种方式分散注意力，减轻一点疼痛，没想到，疼痛感变得越来越强烈，仿佛有一把刀子剜着心窝子。豆大的汗珠从他的额头上滚下来。他想，再稍微忍一下，这一波的疼痛总会过去的吧，毕竟昨天晚上刚刚打过一针。他咬紧牙关，右手却不受控制地开始颤抖，笔也掉到了桌子上。他赶紧拿笔套顶在心口，另一端

郭毅力常穿的一双鞋。

则死命地顶在桌沿上……无意中，他摁响了呼叫器……公务员第一时间冲了进去，把郭毅力搀到了卧室，然后给保健医生打了电话。

医生背着药箱进来的时候，郭毅力已经快昏迷了。医生一边拿吊瓶一边吩咐公务员："快，快把队长右手的袖子卷起来，我要扎针！"公务员赶紧伸出手去挽首长右手的袖子，没想到被郭毅力拽住了。他迷迷糊糊地说："左边，扎左边！"公务员又连忙去挽左衣袖。在挽袖子的时候，公务员看到了让他震惊的一幕：总队长的左手瘦得像一截干柴，手背上青筋凸起，上面布满了针孔，密得像一摞子补丁。有些地方由于反复扎，已经开始水肿。这得扎多少针，受多少

郭毅力病痛顽疾复发，却仍然带病坚持工作。

2010 年 2 月 22 日，郭毅力总队长出席自治区藏历新年座谈会时向有关领导敬献哈达。

罪啊。在公务员眼中，郭毅力总是那么精神抖擞、和蔼可亲，没想到，首长却遭受着这样的折磨。

看着布满针眼的手，医生哭了。他哀求说："首长，您左手再也扎不了针了，扎右手吧。""扎左手，我让你扎左手！"郭毅力挣扎着命令道，"我还有一大堆工作要做，要是扎了右手，我就没法写字，没法批阅文件了，不能因为我自己生病而影响工作啊！"听了郭毅力的话，医生和公务员两人的眼泪扑簌簌往下掉。工作，工作！在郭毅力心中，他想的永远都是工作。医生一边擦眼泪，一边找着适合的地方扎针。由于针眼扎得太多，他们把箍着的皮筋紧了又紧，忙了好半天才把针扎了进去……半个小时后，郭毅力渐渐清醒了。他那布满针眼的左手裸露在外面，像一面被打得千疮百孔的旗帜，每一个针眼都让人心酸。公务员跑出房门，在无人的角落里放声哭了起来……下午参加总队一个会议的时候，郭毅力对下属们说："同志们千万要注意身体，这里是西藏，是高原！你们一定要拿自己的身体当回事，要有了病就赶紧去看，千万不要拖出什么问题来……"有谁能知道郭毅力已经输了 20 多天液，却仍然坚守在工作岗位上……

郭毅力的兵，曾任武警西藏总队政治部宣传处处长的郑勇在报告文学《仗剑雪域唱大风》中，记述了郭毅力拔牙的故事——

2008 年 3 月 10 日，郭毅力总队长在战斗一线指挥。

2010 年 2 月 22 日，郭毅力总队长出席自治区藏历新年座谈会。

　　2012 年 6 月的一天，在成都华西医院，一个拔除蛀牙并治疗牙髓炎的手术即将实施。医生对这位名叫郭毅力的病人分外满意：人家虽然脸肿得像馒头，但依然安安静静地躺在手术台上，不痛不痒的神情、无惊无惧的淡定，集中展示了一种配合治疗的积极态度。不错，真的不错！医生兀自点了点头，一丝不易察觉的微笑浮上面颊。他举起注射器，准备对郭毅力进行局部麻醉。就在这时，郭毅力的脑袋离开了手术台，悬在半空，疑惑的目光落在针筒上："医生，请问您这是啥子情况？"

　　"打麻药噻。"医生瞅了一眼郭毅力，安慰道，"没得事，跟蚊子叮一样，绝对不会太疼。"

　　"且慢！"郭毅力迅速竖起右掌，像在医生面前竖起一道坚固的盾牌。然后，他道出了内心极大的不解，"这么个小手术还要打麻药？"

　　"那当然！不麻醉，哪个吃得消？"

　　"这样吧，给国家节约点资源，麻药我就不打了，您直接手术即可。"

　　"开啥子玩笑？不打麻药痛得谁受得了？"

　　"医生您晓得我的名字嘛？毅力，这点痛都承受不了，我凭啥子敢叫毅力？"郭毅力望着医生笑了笑，随即正色道，"我是个老兵，一旦麻药伤及大脑，那这后半辈子恐怕啥子事儿都干不成，更不用说带兵打仗了！"

2010 年 9 月 21 日，郭毅力总队长与那曲支队战士们共度中秋佳节。

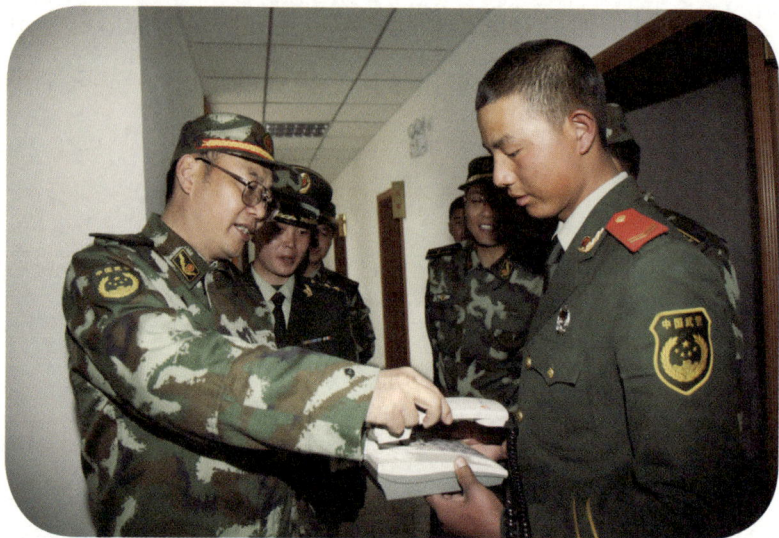

2011 年 5 月 5 日，郭毅力总队长在基层调研时与战士的父母亲切通话。

医生点了点头："噢，原来是名军人，难怪！你这个精神我很欣赏，但军人也要讲科学嘛。不打麻药，痛得死去活来的，您怎么也扛不住。"

郭毅力"呵呵"一笑，说："那我就来体验一下痛得死去活来究竟是啥子滋味。没事，您尽管放心大胆地做手术，我保证不影响您操作。"

架不住郭毅力软磨硬泡，最终，医生破例放弃麻醉，直接操起了手术器械。四十多分钟的手术，郭毅力始终神色安详、面容平静，连眉头都没皱过一下。自然，医生更没听到预料中的呻吟和嘶喊。手术结束，医生一边擦拭满头细汗，一边竖起大拇指："你这个同志真是人如其名、毅力非凡。

你是我所见过的最牛的牛人、最真资格的军人、最让我佩服的铁人。"

郭毅力含着满嘴血液，含混不清地说："医生您过奖了。其实，我是再普通不过的凡人。之所以对您所说的痛得死去活来感觉迟钝，只是因为我常年都处于这种状态，习惯了就麻木了，经多了就扛得住了。谢谢您今天没给我用麻药——作为一名老兵，我必须保持心明脑清，不能搞得连憨带傻的，工作都没法干。"医生刚放下的大拇指，再次竖了起来。

这样的故事还有很多，管中窥豹，略见一斑，透过以上两个故事，郭毅力的硬汉形象已跃然纸上，直抵我们心间。

"小同志，好样的！加油！"

2008 年 3 月 11 日，郭毅力总队长在自治区 110 指挥中心小憩。

化不开的爱兵情

郭毅力带兵严是出了名的，这也是许多带兵首长共同的特点，但郭毅力懂兵、惜兵、爱兵，那份浓得化不开的理解与关爱，并不是哪位首长都能做到那个程度，不由人不挑大拇指。他说，"带兵贵带心，付出真感情才能收获真心，带兵人一定要打造属于自己的真情名片。"他的心都系在兵的身上，唯独忽略了自己。我们选择几个发生在郭毅力身上的真实故事，细细品读和感受。

"三平"士兵夺冠记

2006年5月5日中午，某特勤中队新战士康厚鸿正坐在训练场边的旗杆下看着不远处的攀登楼发呆，这时郭毅力穿着便装走了过来，康厚鸿急忙站起来说："首长好，我去向中队领导报告。"郭毅力摆了摆手说："我只是随便来这里转一转，不用惊动他们了，我们坐下随便聊聊岂不更好？"坐在旗杆下，郭毅力问："一个人盯着攀登楼，是不是有什么想法？"康厚鸿想了好一会儿才回答说："我想创造个第一，但是在别人眼中我就是一个'三平'士兵。"一句话引起了

2012年8月31日，郭毅力总队长在那曲支队索县中队调研时，亲切地为哨兵纠正仪容。

郭毅力的注意："为什么是'三平'士兵呢?"康厚鸿说："相貌平平、个子平平、训练平平。"郭毅力听后笑着说："小伙子，个头不高，但追求要高。你叫什么名字啊。"康厚鸿红着脸说："我叫康厚鸿，除了身边的人，没有更多的人在意我叫什么。"郭毅力站起身来说："我们谈了5分钟，但是我记住了你的名字，国庆以前我来看你的第一名。"

司令员记住了自己的名字，这让康厚鸿非常激动，私下里，他跟认识的人都说了一遍，这也成为无形的动力，每次训练又苦又累时，康厚鸿总是想着司令员要来看他的第一名。

四个月后的一天，郭毅力兑现了自己的诺言，专门来到中队观看康厚鸿的攀登技术，当天康厚鸿的雨漏管攀登竟然

2013年6月20日，郭毅力司令员在拉萨支队检查两业生产。

2008 年 11 月 27 日，郭毅力总队长陪同自治区有关领导看望战士。

创造了个人 10 秒的最好成绩。郭毅力当场对康厚鸿说："小伙子，我说你行吧，你没让我失望！"有了将军的鼓励和信任，康厚鸿在训练场上精神更加饱满，2009 年 3 月在一次对抗竞赛中，他的单兵运动战术以 21 秒刷新了纪录。

其实，郭毅力看重的，并不是比赛成绩，帮助他的兵树立自信，激发潜能，远比成绩更为重要，因为这会对人的一生产生重要影响。

靶纸上的签名

杨利东，是武警西藏总队某特勤中队的一名中士班长，

1982 年，郭毅力司令员时任西藏自治区人民边防武装警察总队直属中队副中队长，该单位在春季阅兵中荣获第一名。

他因比武时在风沙中创造了 8 发 8 中的"神话"而出名。翻阅他的成长经历，不难发现"三张签名靶纸"对他起到了巨大的激励作用。

2007 年 6 月，总队进行狙击手大比武集训，杨利东以唯一的新兵身份作为后备选手入选。25 日下午实弹射击训练，郭毅力走进训练场观看实际训练效果，谁也没有想到，一名平时没人更多注意的新兵，居然 10 发子弹枪枪命中 10 环！郭毅力让人拿来靶纸，看着弹着点称赞不已。他一边在靶纸上写下"骨干精英，狙击之星"，一边对杨利东说："小伙子，我要的不仅仅是 10 环……"从此，杨利东开始苦练狙击技能，射击目标由靶纸向易拉罐、鸡蛋发展，在特战队员中初露锋芒。

2010年，杨利东参加总队一次大比武时，因高原低气压，空气密度低和心理素质不过硬等原因，造成一发子弹脱靶，与奖杯失之交臂，这让他面临前所未有的压力和失落。郭毅力没有批评他，而是叫人拿来靶纸，在上面写下"喜忧不惊，胜败不弃"。不久之后，郭毅力参加一个国际军事研讨会，从国外回来的时候，专门买了一本狙击教材，让司机送到了杨利东手里。在一次对话中，郭毅力要求杨利东结合西藏的环境和气候特点，把国外豆袋式训练模式引入训练场，学习古人射箭的方法，把目标由大逐步放小，提高射击

2008年5月23日，郭毅力总队长在拉萨市支队三中队。

训练效果。

2011 年 3 月 2 日，郭毅力来到特勤中队正赶上射击考核，他亲自发出了考核令——"考核开始!"只见杨利东利用车体做掩护，在车顶对犯罪分子（100 米开外的人字靶）进行狙击，正中"犯罪分子"眉心。在进行战术接力射击时，他在 1 分 12 秒内用 10 发子弹再次打出了 100 环的优异成绩。郭毅力随即让中队长把靶纸拿了过来，并题写了"神勇特战队员"的褒奖词。

2012 年 6 月，武警部队跨区对抗检验评估比赛在成都举行，比武时，赛场突然风卷尘土，能见度急剧下降，黑白

2006 年 3 月 19 日，郭毅力副总队长在连队与正在保养枪的士兵们交谈。

灵魂之师，促膝长谈。情如兄长，浓浓爱意。

靶又换成了暗绿色靶，300 米外的靶子看起来像指甲盖一样大小，大家都暗暗为杨利东捏着一把汗。但身处 4 号靶位的杨利东沉着冷静，卧倒、架枪一气呵成，一阵清脆的枪声过后，他最终获得了第一名……在郭毅力签名靶纸的激励下，杨利东参加各类处突行动 20 余起无一失手，先后在各类军事比武中 7 次摘金夺银。

狙击手刘克纯也获得过郭毅力的签名靶纸。

2011 年的某一天，武警西藏总队第一支队训练场上硝烟弥漫，一场声势浩大的驻藏部队比武竞赛正在紧张地进行。这是一场近乎实战而又残酷的比武，4 名狙击手身着伪装衣，趴在不同的位置上纹丝不动，谁也不知道什么时

2009 年 8 月 11 日，郭毅力总队长深入备勤点了解战备执勤情况。

候、在什么位置上会出现恐怖分子，他们必须具备敏捷的应变力、过硬的技战力、超强的忍耐力，一双双锐利的眼睛，死死地盯着目标区域。时间一分一秒地过去，狙击手已经趴在那里近 3 个小时，西藏高原强烈的紫外线狠狠地照射在他们的身上，小虫子都误以为那是四个枯木桩，爬过来了又走了。

突然，"啪——啪——"几声枪响，劫持人质靶上的恐怖分子眉心出现一个个黑黑的弹孔。这几枪弹无虚发，四个恐怖分子全部被击毙，狙击手终于不负众望完成了射击任务。当他们脸上洋溢着笑容拿着靶纸走回到射击地线时，一直头顶炎炎烈日站在选手身旁的郭毅力兴奋地拍了拍狙击手刘克纯的肩，并欣然拿出油笔认真地在靶纸上写下了"勇争第一是革命军人的本色"，并郑重地签上了"郭毅力"。

签名行为感动了现场所有的人，旁边的一位参谋不解地问："总队长，你为什么要在靶纸上签名呢？"郭毅力感慨地说："签名在我看来是很平常的事，但对于一名普通士兵来说，我的这种举动，却可以鞭策、鼓励他一生。"

2012年5月4日，郭毅力总队长深入拉萨市柳梧新区与青年学生一起欢度"五四"青年节。

将军身边的画家

2004 年 12 月，出生在贵州山区偏僻小村的王府入伍来到西藏，他自幼酷爱书画艺术，浓郁的文化气息和火热的警营生活成了取之不尽的创作源泉。他常常在训练之余广泛收集素材，刻苦钻研绘画。然而，在多次投稿却总是石沉大海后，王府打起了退堂鼓。2006 年 3 月，他被调入总队公务班。时任副总队长的郭毅力得知了王府的情况。原来高考时，王府满怀信心地填报了中央美术学院，专业分超出分数线 5 分，得到了专家认可，但因文化课差 3 分，最终只能与梦想中的美院失之交臂。这段时间投稿不中，小伙子的自信心又遭受了打击，很可能就此消沉下去。怎样才能再次激起

郭毅力总队长关心基层官兵的文化生活。

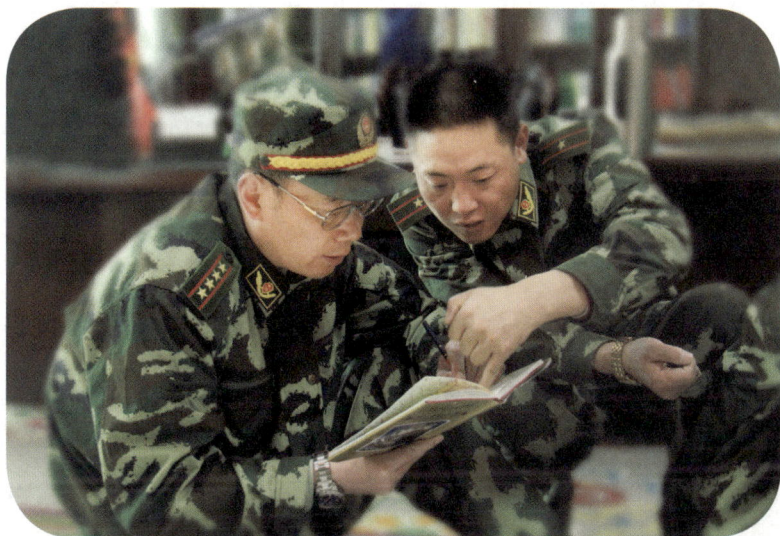

郭将军提出打造全域式机动部队的目标，建设磨炼部队处突能力的区域训练基地。

王府的创作兴趣，让他重拾信心呢？有一天，郭毅力把王府叫到身边，他问王府："小伙子，你有什么特长没有？""报告首长，没，没有。"王府小心地回答。"我听说你喜欢画画，还考过中央美院，这可是一个别人不具备的特长啊！"郭毅力有意提醒王府。"好长时间不画了，现在可能画不好。"王府回答得有些无奈。"小伙子，你要记住，只要肯努力，没有干不好的事情。特别是我们当兵的，更不能遇到一点挫折就轻言放弃！"

有了郭毅力的鼓励和支持，王府重新拾起了画笔，也更加注重读书学习和观摩他人的优秀作品。功夫不负有心人，王府的作品《咏荷》在 2008 年"中华杯"国际书画摄影大赛中，获得金奖，并被收录到由书画泰斗启功题名的《中国当代名家书画大观》一书。

渐渐的，王府的创作在书画界崭露头角，但一段时间后，他的创作再次遇到了瓶颈，总画不出水墨画的灵气。郭毅力理解王府的苦恼，一有空就带他走进大自然，介绍藏文化、接触唐卡、感悟山水。同时，郭毅力身上不服输的性格也在潜移默化地影响着王府。郭毅力还帮助王府建立绘画创作室、引荐名家传授技巧。"众里寻他千百度，蓦然回首，那人却在灯火阑珊处"，不知不觉间王府的作品达到了新的境界，再上一个台阶，他创作的《玉堂富贵图》和《藏

郭毅力司令员拄着手杖下基层。

2013 年 6 月 5 日，郭毅力司令员在区域训练基地视察时，为驻训部队官兵进行刺杀动作示范。

南风情图》一经推出，便好评如潮。这时，郭毅力对王府绘画之路进行了更深层次的引导，郭毅力告诉他："总队高原警营文化建设，关系着官兵思想培育，也是陶冶官兵情操的主要阵地，你可以拿起自己的笔，为部队建设做出更大的贡献。"2012 年年底，总队集中了所有绘画、美术、摄影骨干，举办了一次作品展示，在总队机关院子内开设了文化长廊，王府有 6 幅作品被收录，成了一大亮点。

"这实那实，脚板走到才是实。"

——郭毅力

点点滴滴都是爱

2008 年 3 月的西藏，还是银装素裹的世界。山坡上，郭毅力忍着痛风的剧痛，拄着拐杖在风雪中艰难行走，雪地里留下了一串串歪斜的足印。他蹒跚地来到了某单位 10 号单独执勤哨位。山腰间的临时执勤点，覆盖着厚厚一层雪，这里更是风口子。郭毅力几乎走走停停，不时抬头看着迎风傲立、冒雪执勤的战士，他急切地想知道上面的情况。到了哨位上，郭毅力来不及擦拭脸上的汗水，赶紧拂去哨兵身上的积雪，又询问着哨位的执勤情况。他随口问了句，"这样的环境下实施包哨，战士怎么休息啊？"哨兵施兴亮指着旁边的两块石头说："石头缝里可以容纳一个人，三角形靠着，既安全又可以挡雪。"

郭毅力脱下大衣，准备体验一下睡在石头缝里的感受，秘书韩春见状赶紧制止，将军身上的痛风正在发作，再被冻一下，那会是什么感觉啊！他伸出手要去拽，郭毅力说没事，他们能睡得了，我怎么不行？说完，郭毅力猫着腰慢慢地走进了石头缝，顺势躺了下去。冷风穿过来，石头上湿湿的，身子下面布满了凹凸不平的小石块，硌得难受。这种地方怎么睡？郭毅力的眼眶里噙满了泪水……

郭毅力一边下山，一边拨通了后勤部长冯家海的电话，

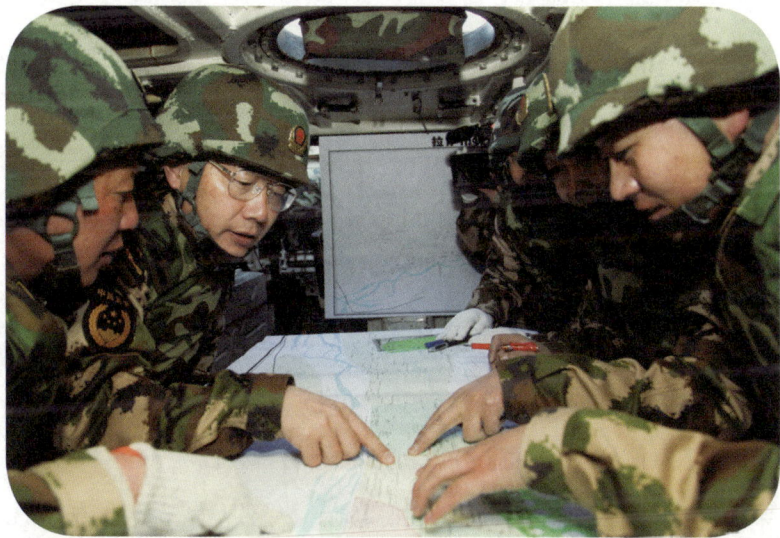

2010 年 6 月 19 日，郭毅力总队长在"卫士—10"演习中研究战法。

站在雪山巅，手擎红旗展。建设武警现代化，维稳铸利剑。

要求调配更多的帐篷、皮大衣、棉手套、防寒靴等御寒物资发放执勤一线，再次强调对援藏补勤的兄弟单位要高看一眼，厚爱三分，哪怕自己吃点苦，也不能让刚上高原的战士们受委屈。

2009 年 5 月初的一天，西藏大地春意盎然，细细的春风中还带着丝丝寒意，轻车简从的郭毅力走进了武警日喀则支队一大队的院子。当时操场上呼号阵阵，训练热火朝天，他径直来到一名浑身是泥土的士兵身边，拍拍他的肩膀说："小伙子，不错，浑身的兵味，坚持。"战士深受鼓舞，坚定地答道："是，首长！"就在大家以为郭毅力说完后会转身离开时，他却和蔼地问身旁的另外一名战士："你站着不舒服？是不是有脚气？"这名叫钟锋的战士胆怯地答道：
"报告首长，我是有脚气，而且还有点严重，影响了其他战
友的正常生活。"郭毅力当即让钟锋坐下，帮他脱下袜子查
看，钟锋很不好意思，脸都红了，双脚直往回缩。严重的
脚气导致脚底皮肤溃烂、怪味弥漫，但郭毅力一点也不在
乎，直接就把钟锋的脚放在面前，轻轻地用手指在脚缝搓，
转身让工作人员拿了药膏，他亲自给涂抹。在场的全体官
兵望着这个有着父亲般慈祥面容、母亲般轻柔动作的将军，
霎时，泪水盈满眼眶。抹完药后，司令员拿起袜子，对钟
锋说："小伙子，有了健康强壮的体魄，才能练好军事技能。
记住每天用热水泡脚，保持鞋袜干燥、通风，经常晾晒消
毒……"临走，他还特别叮嘱在场的干部："要把为兵服务
工作做深、做细、做实，做到官兵的心坎上，要像对待自
己的亲人那样去爱护关爱我们的战士，要让每一名基层官
兵都能感受到家一样的温暖！"

　　郭毅力就是这样一个人，只要是官兵们的事情，再小也
是大事，他都会力所能及提供帮助，他已经把战士们当成了
自己的孩子。2009 年 8 月的一天，郭毅力到通信站检查工
作。当时总机的接线员龚敏正在生病，却仍坚守在工作岗位
上。郭毅力了解了情况后，关切地问："吃药了吗，哪里不
舒服？""吃了，已经好多了，只是有些想吃老家的水果。"
龚敏笑着说。"想吃什么啦，小姑娘？"郭毅力一脸和蔼。"她

是说着玩的，首长。"一旁的队长赶紧岔了话题，"她说吃什么花红，西藏根本就没有这种水果卖，等她忍两天嘴，病好了也就不想了。""花红？"郭毅力略略沉吟后扭过头问秘书："我院子里种的那个是不是花红？"在得到肯定的回答后，郭毅力说："我以为是什么东西，花红那水果我院子里就种的有，中午去我家摘了吃，想吃多少摘多少！"大家以为郭毅力说的是玩笑话，也就没当真。没想到晚上快熄灯就寝时，中队忽然接到了秘书韩春的电话。韩春说："怎么还不来摘花红啊，首长刚刚摘了一小篮子，中队派个人过来取吧。"

吃着郭将军亲手摘的花红，龚敏的眼睛模糊了……

2010年2月的一个傍晚，拉萨又开始起风了，风吹得

郭司令员爱兵是出了名的。

2011 年 10 月 25 日，郭毅力总队长在基层调研时检查官兵的衣着是否合体。

机关大院草屑横飞。这个时节在内地已经回暖，但西藏天寒地冻、寒气袭人。上等兵杨伟明紧了紧大衣，尽管值班室里暖气还开着，可他还是感觉到冷，他今天发烧了，冷得直哆嗦，不停地在值班室里走来走去。就在这时，电话铃响了。是郭毅力司令员打过来的，让他把一份文件送过去。杨伟明声音沙哑着解释：现在只有他一人值班，暂时离不开。说着又剧烈地咳了几下。郭毅力关切地问："咋啦，生病了？""没有，只是有点发烧。不过没什么事，就快好了。"杨伟明撒了个谎。"那就好，要注意身体。"郭毅力说着就挂了电话。让杨伟明没想到的是，半个小时后，郭毅力的秘书韩春竟然给他送来了退烧药，还专门叮嘱说："小杨啊，首长让我

一生戎马无暇日，三十八年转瞬间。高寒缺氧何所惧，热血铸利剑。

给你送退烧药来了。首长专门交代，让我调了个战士替你值班，你先去看看病吧。"杨伟明看着手里的退烧药，哽咽得一句话也说不出来……

2010年8月7日晚，西藏武警总队司令部通信站有线中队队部里，指导员杨川心急如焚，坐立不安。怎么回事？原来，总队直属分队前两天组织了一次卫生大检查，在一名战士的床头柜里，检查小组发现了一床瑜伽毯和两碟瑜伽教学光盘，并当即没收。这一收不要紧，那名战士却给郭毅力总队长写了一封意见信，要求将瑜伽毯和光盘退还给她。杨川在心里嘀咕，"内务设置是有规定的，条令条例不允许你在床头柜里放瑜伽毯。你说我好不容易才跟检查组说好，这事不往总队首长那报了，你倒好，一封信，一竿子捅上了天。"杨川真是欲哭无泪。这时，检查小组负责处理此事的吴参谋到了队部，杨川立刻说，"吴参谋，我刚才已经狠狠批评过她了，她也深刻认识到了自己的问题，你放心，这件事情我们一定会严肃处理。""处理谁？首长说了，要好好表扬一下这位同志。"吴参谋微笑着说。杨川一脸诧异，表扬？怎么可能！原来，这件事被郭毅力知道后，认为战士把瑜伽

"这些兵娃娃来到高原，坚守在海拔 5000 多米的哨卡很不容易，当领导的要把为战士的服务工作做好，不能让官兵们感到心酸。"

——郭毅力

"爱兵要从小处着眼，越是小的地方，越能体现真心"。

毯放在床头柜里，的确不符合内务设置的要求，但同时，郭毅力也意识到了一个新的问题，现在入伍的新战士都是90后，属于反孤独、超现代的性格，枯燥单一的生活早就不适合他们了，如何带好这些90后的兵，值得研究和深思。所以，郭毅力决定，在把瑜伽毯和光碟还回去的同时，还要求在有线中队修建一个警营瑜伽室，丰富官兵的业余文化生活，并派吴参谋过来和中队官兵一起商讨具体方案。"噢耶！太好了，首长也是90后！"知道事情真相之后，一些90后新兵高兴得跳了起来。从此，一到周末，有线中队全体官兵都争做瑜伽达人。

　　2011年10月的一天，那曲已经进入了冬季，每天雪花飘落，不时地还会下起冰雹。在这样恶劣的天气下，郭毅力坚持去那曲支队班戈县中队调研考察。让中队长没想到的是，首长没有住打扫得干干净净的接待室，直接把被褥搬到了满是脚臭味的三班。

这天晚上，正当郭毅力准备睡觉的时候，细心的他发现邻铺的战士闫三有点不对劲，熄灯后很久，还在翻来覆去。郭毅力走过去轻轻拍着战士的后背问缘由。听到首长问话，闫三"嗖"地从床上坐起来解释道：可能是因为刚从内地休假回中队，有点高原反应。郭毅力心疼地说："那就吸点氧嘛！"郭毅力伸手正准备拧开安装在床头的氧气装置开关时，闫三立即阻止道："首长，别拧了，中队这个时段还没氧气。"经过再三追问，闫三才扭扭捏捏地讲了实情。原来，由于还没有到冬季，中队嫌麻烦，觉得没必要制氧，有时就算吸上氧，也无法保证充足的供氧量。"这怎么行啊！班戈县中队海拔4700米，空气稀薄，战士们白天训练强度大，不吸氧花那么大的代价安装吸氧装置干什么？"当天晚上，郭毅力就把中队保障自己的氧气瓶给了闫三。小闫吸着氧，很快进入了梦乡。

第二天，在检查工作之余，郭毅力找到中队两名主官语重心长地说："这些兵娃娃来到高原，特别是坚守在海拔5213米的官兵，很不容易，我们当领导要把为战士的服务工作做好，不要让官兵们感到心酸。"很快，中队解决了氧气供应问题。

后来，这件事成为该支队推动各项工作落实的动力，"暖心工程"一项接一项，生日服务送蛋糕，家庭困难能救助，官兵结婚有祝贺，亲属生病去探视，子女上学帮入校，大龄青年牵红线……基层官兵充分感受到了组织的温暖，部队的战斗力、凝聚力进一步增强。

"爱兵就要从小处着眼，越是小的地方，越能体现真心。"郭毅力说，从时间的长河里，我们撷取一朵朵浪花，这些看似微不足道的小事，一桩接着一桩，但每一件都那么温暖，那么贴心，只有时刻把自己的兵放在心上的将军，才会永远赢得他的兵的尊重和爱戴。

除夕夜将军站岗

2012 年的除夕，许多人都在与家人团聚，吃着年夜饭，放着鞭炮，过着一年中最幸福的时光。拉萨下起了鹅毛大雪，飘飘洒洒。当时钟指向一点半时，执勤的哨兵赵杰祥突然发现有两个人影迅速靠近，他随即喝道："站住——口令？""勇敢——回令。""忠诚！"赵杰祥干脆地回答。

来人正是郭毅力和秘书二人，一见是司令员，赵杰祥当时就僵住了，不知说什么好。郭毅力慈祥地说："小伙子，辛苦啦，今夜由我来站班岗。"司令员的棉帽上已经粘上了

2012年1月21日除夕前夕，郭毅力总队长替战士站岗，确保官兵能看上一个完整的"春晚"。

厚厚的一层雪，赵杰祥清楚地记得，去年的除夕夜就是司令员替他站了岗，今年的除夕夜司令员又要替他站岗，这怎么可以！这样想着，他嘴上却说："不辛苦，首长，雪夜里的布达拉宫很美。"司令员一眼认出了哨兵，"赵杰祥！看看，你多有兴致，是不是还要做诗一首啊？"

听老兵说，每年除夕夜郭毅力都会来站哨，司令员工作那么忙，今年除夕夜再也不能让首长站哨啦，看着漫天飞雪，赵杰祥心里打定了主意，"首长，今夜雪大，天冷，我年轻，还是我站岗最好。""小赵啊，你们一年站365天的岗，就一个除夕夜也不愿给我吗？"郭毅力问。"是啊，小赵，你

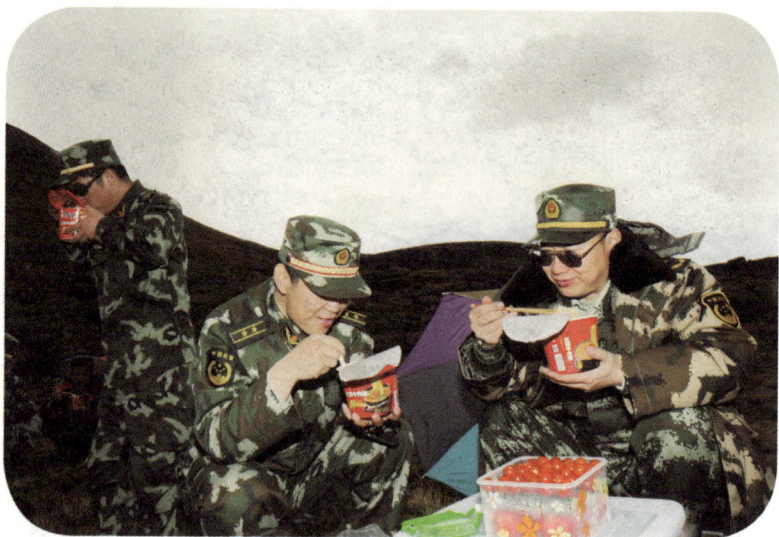

2012 年 9 月 20 日，郭毅力总队长在前往山南支队途中露宿风餐。

就同意吧。"秘书在一旁帮着解围。"每年除夕夜您都替我们站岗，今年您也该好好休息啦。""小赵，你看这样行不行，这一班岗我们一起站，好吧？"郭毅力似乎是在请求。能够和司令员一起站岗，怎不令人心潮澎湃。"哎——"郭毅力长长地叹了一口气，打破了沉默，"你是不是觉得我一个司令员和你争着站哨是在作秀啊？""我……我……我……"，赵杰祥一时竟无话可说，支支吾吾。郭毅力说，"小赵啊，今天，告诉你一件事，它埋藏在我心底多年了。1987 年我在聂拉木边防检查站当副政委，也是一个除夕夜，风雪交加，天寒地冻，站里本来兵就少，老兵这时也退伍了，每班哨兵要站上三个小时，可偏偏后勤补给又跟不上。一名小战士站哨竟被冻昏了过去，发现的时候，他整个人已经失去了知觉。我们想尽了办法，命总算保住了，可他的双脚却永远失去了，每当想起他被截肢时那无助的眼神，我就⋯⋯"郭毅力哽咽了。正是从那时起，每年除夕夜，郭毅力都要替哨兵站岗。

郭毅力每年下基层都得经历几次塌方。

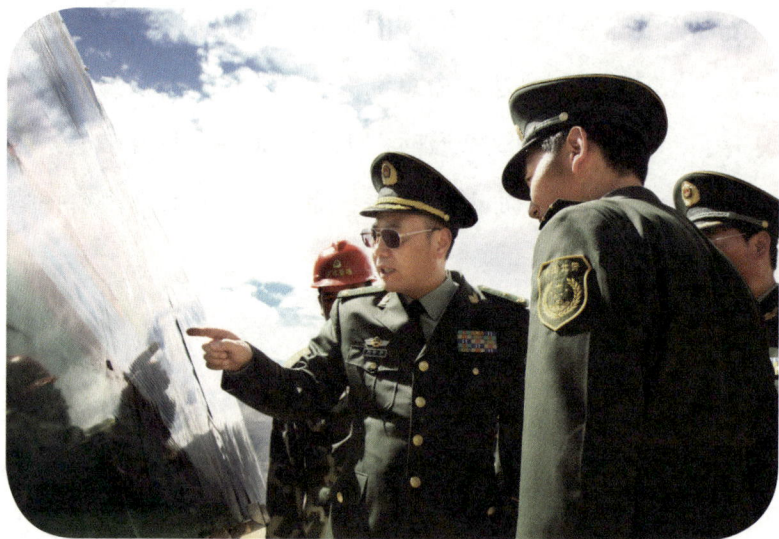

鬓染霜白不自哀，尚思雪城戍边陲。丹心一片谋发展，浩气冉冉日边来。

九死一生排龙沟

　　熟悉郭毅力的人都知道他有一个习惯：下基层，接地气。并且他下基层还有一个特点：专门挑时候去！什么时候呢？一个是隆冬季节，处处冰冷刺骨；一个则是夏季，各种自然灾害频发。谁也不理解他为什么这么做，他私下里跟工作人员说，选择隆冬下基层，一来可以检查部队新老复退工作做得怎么样，二来更为关键的是他想看看基层官兵各种取暖设备是否运转正常，官兵有没有冻伤的情况。由于西藏地质灾害诸如泥石流山体滑坡较多，且多发生在夏季，选择在这个时候检查部队，既能看看部队军事训练抓得怎么样，又可以顺带着检查部队的各种应急方案如何，这种一石多鸟的办法，多好！参谋们听了连连咋舌。

2010年8月的一天，郭毅力叫上司机就去昌都支队检查工作了。但谁都没有想到，这一次的经历让驾驶员姜成龙终生难忘。车子驶过了林芝，开往昌都，途经排龙沟的时候遇到了塌方。提起排龙沟，凡是走过川藏线的人没有不心惊胆战的。据相关资料介绍，排龙沟是川藏公路西藏境内著名的天险地段，全长1.8公里，公路内侧是陡崖峭壁，临江则是悬崖及奔腾的江水，加之公路狭窄，危岩、滚石、洪水及崩塌等灾害频发，历来有"鬼门关"之说。

"路虽然危险，我也要走。不了解路况信息，我怎么指挥部队，怎么带兵打仗……"

——郭毅力

郭总队长仅在 2008 年，跑基层就跑了近 63000 公里。

　　郭毅力每年下基层都得经历几次塌方，这种司空见惯的事情他已淡定自若，但这一次他们又碰到了塌方，天空还在下着大雨，路两边都是高不可攀的悬崖陡壁。郭毅力和司机正在议论，突然，轰隆隆一声巨响，从山腰上滚下一块石头重重地砸在了挡风玻璃上。"首长，危险！"姜成龙喊了起来，他吓得不知所措。郭毅力一边安慰一边让姜成龙把车子往后倒。倒了几米远，郭毅力下了车，抬起头仔细地观察着周围的地形。

　　雨势减小了，驾驶员高兴地说，"这就好，雨停了，这山也就没那么脆弱了，塌方的几率会大大降低，等雨停了再过去就安全了。"郭毅力认真地看了看那几堆垮塌下来的土，捏在手里闻了闻，又向半山腰望去。"司令员这是干啥？地质专家也没这样的吧？"姜成龙疑惑不解。没了耐心的他返身坐进了驾驶室。

郭毅力背着手在塌方的路段来回走了几趟后上了车，脸色凝重地朝姜成龙喊："小姜，快往后倒！"慌不迭的姜成龙立刻挂上倒挡，倒了有十几米，车子刚停稳，翻江倒海一声响，接着，一大堆巨石往下滚落，半个山体垮塌了下来，把刚才停车的地方埋得严严实实……姜成龙惊得目瞪口呆，要不是有郭司令在，保不准刚才就光荣了。他浑身战栗，郭毅力安慰说，"不用怕，这不还有我呢，我都不怕你怕的哪门子劲？"说着又伸出头看了看，然后说，"这下算安全了，但

郭司令员在连队。

"这真那真，亲眼所见才是真"。

——郭毅力

是咱们还得往后退，这么个前不搭村后不挨店的地方可不能长待。"

没想到，姜成龙连踩刹车的力气也没了，郭毅力说那就休息一下再退回去吧。姜成龙下车看着刚刚塌方的地方，颤抖着点起烟，一连抽了两根，心情才慢慢平静下来。他看了看倒退过来的路，由于天阴下雨，满是泥泞，路边一侧就是危险路段，稍有不慎就有可能把车开到沟里去。姜成龙踌躇着上了了车，心里却没了底，倒不是技术不行，而是他的脑海里还一直留着刚才塌方的印记，他怕万一……车上坐的可是个将军啊！没想到，郭毅力看出了他的犹豫，笑笑说："别怕，我来给你指挥。"说着郭毅力下了车。

细雨蒙蒙中，郭毅力淋着雨指挥着，一会儿跑左边，一会儿又跑右边，不时地还搬起块石头抵住车轮子。已经50多岁的人了还淋着雨，跑来跑去，此时的姜成龙多么希望自己也能像孙悟空会七十二变，变出另外一个人把司令员替换下来。突然，郭毅力脚下一滑，在雨中打了个趔趄，一跤摔在地上。"首长！"姜成龙喊了起来，他打开车门冲了过去。当他把郭毅力扶起来的时候，发现司令员的嘴唇已被石头磕破了，血顺着嘴角流了下来。"首长，我能行！您快坐到车里去吧。"姜成龙急忙说。"没事，小姜，很快就好了，快去开车！""我……"姜成龙擦着眼泪，跌跌撞撞地进了车，使劲踩着油门，轰的一声，车子往后倒去……

脱离了险境的姜成龙跟郭毅力说："要不咱们回去吧，或者从林芝坐飞机过去，或者等塌方季节过了再走。"郭毅力却说："不行。这段路虽然难走，虽然危险，但我也要走，我是司令员，不知道各种路况信息，怎么指挥部队，怎么带兵打仗……"

据不完全统计，郭毅力任总队主官6年来，下基层检查累计行程20多万公里，其中2008年全年就跑了近63000公里；新配发的车子一年磨平了10个轮胎，在下基层检查工作期间，遇险百余次……

摄影：杜云丽

蓝

运筹帷幄五彩人生

蓝色，象征着睿智与果敢。郭毅力就像一面盾牌，又像一个天使，他用全部的智慧和心血，守护高原的安宁与和谐，他的心中永远装着党和人民的嘱托，装着精兵强警"建得好"的责任、执勤处突"打得赢"的使命、制暴反恐"有把握"的担当……

与时俱进谋战略

作为一名指挥员，郭毅力深知自己肩上的担子和责任之重之大。他时常提醒自己，"肩上是千钧重担，身后是千军万马，不能有丝毫懈怠。"如何能够带出一支能打仗、能打胜仗的现代化武警部队，不辜负党和人民的重托，是摆在郭毅力面前非常现实的课题，要履行好职责，尤其需要具备一种与时俱进的战略谋划及指挥作战能力。

能力来源于理论和知识储备。为了提高军事理论素养，

2012 年 9 月 1 日，郭毅力总队长在办公室研究西藏地图。

郭毅力养成了非常刻苦的学习习惯。

更好指导实践，郭毅力养成了非常刻苦的学习习惯。他给自己立了个不成文的规矩，每天看书学习不能少于两个小时，再忙再累都要坚持。郭毅力患有严重的失眠，睡不着他就看书，这样反而学习的时间大大多于他人。在郭毅力的办公室和家中，都有满满的几柜子书籍，在一些关于现代战争、反恐作战的图书上，布满了密密麻麻的标记和批注。

能力来源于对实际情况的熟悉和掌握。任西藏武警总队主官以来，郭毅力跑遍了总队所辖的每一个县中队，多次到维稳形势复杂的偏远县乡调研，在平均海拔 4000 米的高原上，他每年行程 5 万多公里。西藏的山山水水，拉萨的大街小巷，都装在他的脑海里。

　　能力来源于平时的训练和演习。将指挥员大脑中的想法变成实实在在的战斗力，不经过实战演练只能是纸上谈兵。郭毅力高度重视部队平时的训练，变着法子变化模式和方法，坚持从实战出发，从教训中发现不足，从经验中固定战法，部队的快速反应能力、实战能力不断增强。

　　郭毅力从未停下思考的脚步，他创新思维，结合实际，短短几年，研究出 30 多种维稳处突战法，并用于实战，其中 10 多种在高原部队推广，有效提高了部队的战斗力。2012 年，郭毅力撰写的《信息化条件下反恐维稳作战的组织指挥》荣获国防大学"非战争军事行动研究中心第一届学术年会"优秀论文一等奖。

　　2012 年 9 月 16 日，郭毅力在前往昌都支队调研途中勘察地形，完善兵要地志。

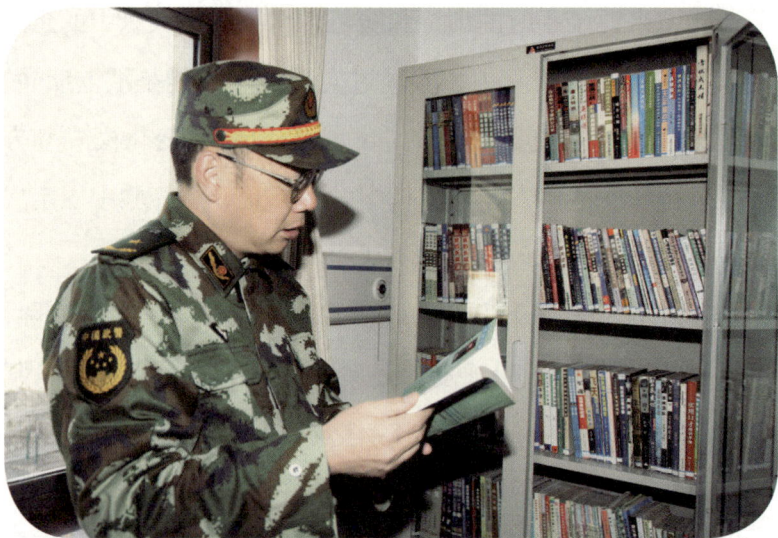

在西藏自治区领导眼中，郭毅力是个专业型的部队领导。他自己却谦虚地说："我只是喜欢琢磨点事而已。"

针对西藏复杂严峻的维稳形势，郭毅力率先提出"军事行动政治仗"理念，成为武警部队处置涉稳事件的基本遵循。

在指挥重大维稳行动中，他着眼构建精干高效的指挥体系，总结推行了"一长五员"扁平指挥机制。

在长期镇守维稳实践中，他按照综合治理思路，建议自治区建立警地"三共四联"维稳协同机制。

为稳妥处置突发事件，提出"沉着应对看三步、审慎用兵缓三拍、科学部署在三线、高效处置用三手"的"四个三"指导思想，并在实战中得到检验；在组织机动备勤中，确定用兵"十条原则"；针对重点方向维稳实际，提出"南北两线集群作战"思想；推行利用指挥信息化平台优化执勤效益研究成果，普及"五网三现"管勤模式……

在西藏自治区领导眼中，郭毅力是个"专家型的部队领导干部"。郭毅力则相当谦虚地说："我只是喜欢琢磨点事而已。"此话着实不虚，郭毅力的很多"点子"往往都源于日常生活。有次看球赛，主持人解说主队采用了"抢、逼、围"战术，郭毅力脑子马上活动开了，随即琢磨出处置非法聚集闹事事件的"盯、堵、围、劝、疏"原则，被官兵戏称为"看球看出来的战法"；有天他着便装到布达拉宫广场散步，表明身份前后，刚入伍不久的哨兵表现出截然不同的两种态度，令郭毅力心里很不舒畅，后来，他琢磨出"柔性执

郭毅力用过的笔记本。

勤、服务代勤、宣传促勤、显隐组勤"的"高招",被称为"散步散出来的执勤模式"……

2008年11月,印度孟买发生连环恐怖袭击事件后,郭毅力寝食难安:孟买离西藏有多远?暴恐事件离我们有多远?为做到"未雨绸缪",他带领侦察处在总队建起了文字、图片、音像三位一体的反恐作战数据库,并多次深入基层官兵中间,一起分析反恐战例、共同研究反恐战法。

近年来,郭毅力先后独立实施和组织开展军事理论课题研究46个,30多类战法在实践中得到有效运用。譬如,针对农牧区因争夺草场和虫草资源引发纠纷相对频繁的实际,他提出"围三缺一挤压、铁桶封堵减压、穿插分割解压"和"环绕对进,两面分离"的战法,保证部队在处置每一起群体性械斗事件中都做到了"科学占位、高效补位、战果到位";面对"一处闹事、多点响应"严峻形势,他提出"点面并举、守巡兼顾,驱堵结合、掐头去尾"战法,为部队圆满完成处置相关严重暴力犯罪事件提供了强有力的战术支撑;根据镇守维稳任务艰巨繁重的实际,他提出"网格封控、要点守卫"战法,为实现西藏自治区党委、政府制定的"大事不出、中事不出、力争小事也不出"目标奠定了坚实的预警预防基础。

这些军事理论研究成果,是郭毅力用心血浇灌出的智慧之花、用生命谱写的打赢赞歌。

"在办公室待得时间越长，不切实际的东西就越多。"

——郭毅力

2011 年的党委会议上，郭毅力提出了"训大部队、打大战役、干大事业、求大成绩"的"四大"战略，提出了"全区域长途机动拉练的训练构想"，这些战略和构想已付诸实施，部队的战斗力正不断提升。

四轮铁皮办公室

一年里行程数万公里，跑遍了全总队所有建制中队。四年里 17 次下部队，解决了 500 多个基层建设难题。武警西藏总队机关干部都知道，司令员郭毅力除了在总队机关有一间办公室外，还有一间 5 平方米的四轮铁皮"办公室"，车里装满了书籍、地图和办公用品。由于在这个办公室上班时间都是在路上，所以官兵们都亲切地称之为"流动的办公室"。"坐在车上理性思维，下车后增强感性认识，返回后及时归纳提炼，形成抓落实具体举措。"这是郭毅力在流动的办公室中得出来的工作思路。郭毅力每个月都会从烦琐事务中脱开身，用一半时间到基层部队搞调查、摸实情、抓矛盾，都是依靠这间办公室来完成的。

6 月的藏北草原，鹰嘴山风光秀丽，放眼望去，藏青色

2012 年 9 月 1 日，郭毅力总队长在视察那曲支队途中留影。

群山连绵起伏，雪山脚下，一群群牛羊悠闲地啃着青草。"太美了！太绝了！"坐在车里的郭毅力赞不绝口，司机赶紧把车停在了路边。秘书韩春迅速从车里拿起照相机，对着四周景色一阵狂拍。"我不是来看风景的！你们看，对面的那个山峰是最佳的军事战略位置。它地势险要，易守难攻，具有较强的军事制动权。你们脑袋里也要常备处处是战场，时时在战斗的思想啊！"

随后，郭毅力又从车里找来笔和纸，在现场绘制了一张简易的军事地形战略图。郭毅力每次下部队必备五类资料：《各单位兵力编成表》《地图》《作战总体方案》《世界军事》《信息化战争作战指挥研究》。他常说："闭门造车，不可能产生抓工作的好办法，在办公室时间越长，不切实际的东西就越多。"

韩春清楚地记得，党的十八大召开前夕，郭毅力率工作组下部队调研期间，在20多天的时间里，先后深入那曲、阿里、日喀则、成都、昌都、林芝、山南7个地市4个支队机关、6个大队、20个县中队和1个新兵中转基地检查调研，还看望慰问了114师340团，行程8567公里。当走到最后一个中队时，郭毅力右脚的痛风发作，下车后已经无法站立……

2012 年 9 月 20 日，郭毅力总队长在基层调研时与基层官兵一同锻炼。

将军是本活地图

西藏，地广物博人稀，面积 122 万多平方公里。郭毅力差不多跑遍了这里的每一寸土地，只要有部队的地方都会有他的身影，重要的战略位置更是亲临考察并标注在随身携带的地图和记事本上。

"他就是西藏的一本活地图，他的前瞻性思维让我深有感触。"武警拉萨市支队副支队长王芳智回忆起 2006 年年底陪同郭毅力在山南勘察地形时的情景，仍然肃然起敬。那时候西藏平均含氧量仅为内地平原地区的40%左右，并处于冰雪封山、封路的时节。郭毅力带领机关一行人深入山南地区勘察地形地貌，时任山南地区参谋长的王芳智全程陪同。"王参谋长，你目测一下东北角山头位置离我们所在的位置有多远？"郭毅力伸出拇指在胸前平举着，随意地问道。这怎么猜？王芳智瞠目结舌，一旁的随行人员也都面面相觑。此时，只见郭毅力将随行人员携带的地图拿到手中，在上面作了些标记，同时也给出了答案——距离为123520米。有

郭毅力司令员深入墨竹贡嘎县甲玛沟特大泥石流现场进行抢险指导。

2013 年 4 月 1 日，郭毅力司令员在墨竹贡嘎县甲玛沟特大泥石流现场。

人不信，把专门测量的仪器拿了出来，仔细进行测量，结果是 123536 米，只差了 16 米，在场人员无不向郭毅力投去敬佩的目光。

郭毅力在平时的生活中也非常注重观察地形，特别是每天早晨他都喜欢散步，同时将布达拉宫广场周围地形巡视一遍，顺便检查沿路执勤点情况。每到周末，他还会带上一批军事素养很高的官兵，着便装，到广场周围的制高点讨论，并以随谈形式将"三预"理念（预测预瞄作战对象、预想预设作战地域、预建预置作战阵地和器材）手把手传给部下。正是基于长期的实践与理论积淀，在 2008 年"3·14"达赖集团策划煽动的严重破坏社会秩序的打砸抢烧暴力犯罪事件中，郭毅力见事早、预事准，事发前已组织部队充分做了应对出大事的各项准备，确保了第一时间迅速启动预案到位处置。作为自治区联指参谋长，郭毅力掌握指挥决策权，提出了"军事威慑，宣传疏导，依法打击"的维稳作战原则，并果断采取封控目标、拱卫核心、定向打击、巡面保点等战术手段，指挥部队有效稳控了事态。中央军委首长给予郭毅力高度评价："组织严密，堪称精确指挥。"武警总部党委批示"西藏总队谋事在前"，给予充分肯定。

郭毅力每次下基层，他的车上还有一样东西不能少，那就是望远镜。一次，郭毅力从芒康到贡觉，秘书已经安排好了路线，可是郭毅力却尝试走一条新路。那是一条只能容纳

多云遮，时雨降，胸有成竹布阵忙。

枕戈待旦时，残雪映夕阳。

一辆车通行的乡村小道，山势陡峭、危险万分，从早上8点出发，二三百公里的路程走了足足6个小时。到了半路上，郭毅力突然让车子停下来。秘书以为郭毅力要休息，没想到，他却让秘书把望远镜拿来。"不对劲，这里有情况。"郭毅力举着望远镜朝半山腰望去，原来那里有个寺庙。他随即拿出地图，按照当地人口分布、水源情况，比对哲蚌寺等得出了半山腰那座寺庙的建筑规模，并在地图上做了标记。"这么大规模的寺庙却没有标记在地图上，这可是以后部队可能用兵的地方。"回到支队后，郭毅力又将情况反馈给昌都支队，要求他们深入调查。

有了这样用心的将军，还有什么不放心的呢？

马扎一坐心连心

公务员回家探亲时，从老家为郭毅力带回了一个马扎，方便携带不说，无论在哪里，都能"平起平坐"，同时还解决了痛风不能久站的难题，郭毅力如获至宝。

在一般情况下，部队大小考核习惯设置主席台，主要是方便上级检查指导，郭毅力和大多数领导一样，开始的时候也坐在主席台。有时候痛风犯了，他上不了主席台，只能坐在台下。但自从有了马扎，郭毅力更习惯来到官兵中间，实

郭毅力与战士话家常。

考核场地主席台撤了，官兵间心灵的距离拉近了。

现"零距离"接触，久而久之许多考核场地主席台慢慢撤了。主席台撤了，官兵间心灵的距离却拉近了。

2008 年年底，武警部队从全国 25 个总队、机动师抽组成立了西藏总队第一支队，3 个月后武警西藏总队在第一支队特勤大队组织了实弹射击对抗训练。郭毅力提着马扎坐在官兵中间，开始的时候战士们还有些紧张，总是一问一答地谈话，几个玩笑之后，战士们放松了绷紧的神经，也打开了话匣子，说起内地不同单位特勤训练情况，谈起在西藏训练的感受，聊起了生活中的所见所闻。从那时开始，第一支队特勤大队的官兵，成了郭毅力最熟悉的人，许多官兵的名字他都能喊出来；也就是从那个时候开始，训练中的器材问题、装备问题逐一解决，大到装甲车，小到鞋垫；往后的日子里，许多官兵和郭毅力成了忘年交，也有一些人背后叫他"马扎将军"。

通常情况下，领导走访群众，下车后就地交谈，或者找到村委会、居委会坐一坐。郭毅力刚开始习惯走近放牧的牧民，走进耕地的田间和学校的操场，但站久了总会累，时间不能长，谈得也不彻底。自从有了马扎，郭毅力习惯带上一个保温杯，或装茶水，或装酥油茶，在草场、公路边等地方，坐下来同老百姓聊天，不知道郭毅力姓名的人提起他，总叫他"部队上带着马扎来聊天的将军。"2010年夏季，郭毅力走进那曲了解虫草采挖牧民的思想状况。行至羌塘草原，遇到一名放牧的汉子，郭毅力停车上前，一手提酥油茶，一手提着马扎，坐下来和牧民开始神聊，虽然牧民的汉语有些生疏，但是交谈甚欢。他们谈起虫草对于牧民的重要性，谈起了虫草收成的好坏，谈起了虫草采挖邻省与那曲地区的关系。回来后，郭毅力对虫草采挖期间的值勤用兵问题，一下提出了七条针对性建议。

一个小小的马扎，或提在手上，或夹在手臂，或背在身后，随着郭毅力走过雅鲁藏布江、珠穆朗玛峰，曾放在牧民的帐篷外、草原的羊群旁，曾坐在烈日炎炎的训练场、风霜雪雨的战斗指挥所，同时，也放置在了官兵们的记忆中，镌刻在了农牧民的心坎上……正是接了地气，了解了实情，为丰富郭毅力的战略战术构想提供了真实准确充足的信息来源。

不懈追求信息梦

当今是信息时代，谁掌握了信息，谁就掌握了主动。郭毅力常年战斗在一线，又爱学习，对前沿性的知识和动向有着深刻的理解和敏锐的把握。信息梦一直在他的胸中翻腾。

接地气，了解实情，为郭毅力的战略战术构想提供了真实准确充足的信息来源。

郭毅力总队长在珠峰大本营洗漱。

"哨兵同志,你说说,这个监控镜头里的隔离墩距大门实际有多远?过往的行人距警戒线有多远?这个哨兵身高是多少?"一连串的发问顿时将担负西藏自治区党委、政府警卫任务分队的网络监控员问蒙了。"别小看网络监控三尺屏幕,它其实是一个万千世界。我们的哨兵要通过监控画面能快速判明各种情况,包括人物的形态、方位、地点、在干什么等。参谋人员要指导基层研究这方面的工作,不断提高能力素质啊。"这一幕发生在 2004 年 6 月 5 日。

郭毅力时任武警西藏总队副总队长,在指导拉萨支队一中队开展执勤人员活动区域、执勤编组牌两个勤务规范试点时,他首次提出了以"加强维护管理,研究查勤技巧,提高查勤质量"为指导思想的监控屏幕网上判别研究课题。当时，武警部队综合通信三级网运用于执勤工作还不到两年。在这期间，郭毅力阅读了大量平面执勤、网络执勤、信息化组勤的书籍，并借鉴公安系统、国安系统、工厂企业等监控经验，到自治区科协请教。经过一段时间的实践探索，2007年5月28日，郭毅力在亲自筹划、亲自部署、亲自组织"西藏总队执勤改革试点成果验收会"时，将"网络查勤研究"作为"六项执勤改革"中的一项内容，专门进行了课题研究汇报和演示。至此，他把网络查勤系统推向了一个更高的平台去研究，并把自己的想法安排到信息化处、训练处、作战处等部门，一个细节一个细节地抠，一个课题一个课题地突破。随着三级网监控功能的拓展和扩容，2011年4月14日，郭毅力又在拉萨支队组织召开了执勤现场会，专门就网络监控功能的拓展应用研训情况进行检查指导。

2012年1月7日，郭毅力在总队党委扩大会议上指出，"深刻领会贯彻主题主线最本质的时代特征，是对加快转变武警部队战斗力生成模式，有效提高基于信息系统的执勤处突体系能力的深入探索和实践。"围绕实现对执勤要素全维监控、执勤行为全程管控、执勤警情全时感知、执勤信息全面共享、情况处置全员联动的目标，郭毅力提出要以信息系统为基础和支撑，通过传统手段与信息手段有机结合，培养能够熟练使用信息技术、信息化武器装备和信息系统的执勤

在郭毅力心中，10年不懈追求的就是信息化武警梦。

"声纳兵"、"雷达兵"。从 2012 年起，郭毅力不辞辛苦，先后 5 次带领工作人员深入一线调研、指导网络哨兵研训工作，使一度陷入迷茫的研训人员进一步明确了方向、理清了思路，使研训工作从理论到实践各层面更加清晰。

在郭毅力心中，10 年不懈追求的就是信息化武警梦，从未间断。2012 年 4 月 12 日，郭毅力专程深入拉萨支队 18 中队检查调研信息化执勤哨兵研训情况时指出：三级网监控是小岗位系着大责任、小屏幕连着大战场，在这看似平常、朴素、简单的工作中，包含着执勤官兵对天文、气象、物理、生理、心理、地质、自然、人文社会等知识的综合运用。网络执勤"雷达兵"、"声纳兵"的培养既是武警部队履行职责使命任务的必然要求，也是适应社会发展需要，培养新型安防人才的现实机遇。这件事前景非常光明，不仅利己利军，会提升官兵信息化执勤能力、素质和目标安全系数，而且利国利民，将为社会培养一大批新型安防人才。

2013 年 4 月，郭毅力在检查指导网络哨兵研训情况汇报演示任务时，从 18 个方面指明了下一步研训工作的方向，提出将"信息化执勤哨兵"改为"信息化执勤网络哨兵"，并开创性地提出了"现实空间执勤哨兵"与"网络空间执勤哨兵"、"现实空间阵地"与"网络空间阵地"、"现地方位"与"网络方位"，以及"网络执勤方案"等新的执勤理念，有效拓展了开展网络哨兵研训的基点和思维视角。

有效拓展开展网络哨兵研训的基点和思维视角。

2008年4月19日，郭毅力总队长在第二支队训练场假想情况，让支队官兵进行现场处置。

　　郭毅力要求大家抢占信息工作新的高地、拓展新的领域、培养新的人才，瞄准信息化武警建设目标，对武警部队乃至全国都还处于空白状态的网络监控学进行研究攻关。从网上屏幕判读这个雏形，到"声纳兵""雷达兵"信息化执勤哨兵研训，再到"网络执勤学"这门军事学科的建立，拉萨支队历经两届党委班子都带领官兵进行了探索研训。10年中郭毅力在信息化建设方面孜孜以求，表现出了"势在必行、志在必得、必须要干、一定干成、没有退路"的气概和决心。

　　在郭毅力的大力推动和引导下，武警西藏总队的信息化工作扎实推进，有的方面已处于全军领先水平。

确保圣火登珠峰

2008 年 5 月 8 日上午 9 点 17 分，奥运圣火在世界之巅珠穆朗玛峰成功登顶，实现了人类首次圣火辉耀珠峰的梦想，全世界为此沸腾。但又有多少人知道，为了这一时刻，郭毅力和他的官兵们，付出了怎样的艰辛。

2008 年 2 月，郭毅力接受了护卫圣火登珠峰的任务，

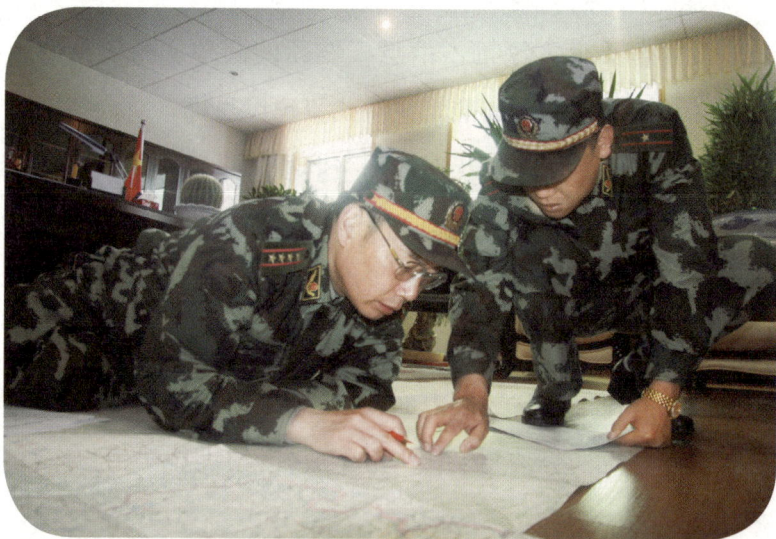

2008 年 5 月 6 日，郭毅力总队长在办公室绘制作战图。

2008 年 2 月，郭毅力担任奥运圣火登顶工作总指挥。

担任奥运圣火登顶工作总指挥。北京奥运会是中国人的百年梦想，它的成功关系着国家声誉，奥运圣火在北京奥运会开幕前登顶珠峰，将填补奥运史上的空白，这是莫大的荣誉。这样重大的任务，必须安全、高效、出色地完成，做到万无一失，压力可想而知。

　　年近五旬的郭毅力，再次忘记了自我，他与官兵共同奋战 45 天，确保了圣火登珠峰和实况转播任务的圆满完成。

　　2008 年 3 月 27 日凌晨，郭毅力亲自带领特勤中队 20 名官兵，护送奥运圣火登顶实况转播器材，经过 35 个小时的长途跋涉，于 28 日 15 时 45 分到达珠峰大本营。随后，郭毅力一刻也未停歇，便同战士们一起勘察地形、派出警

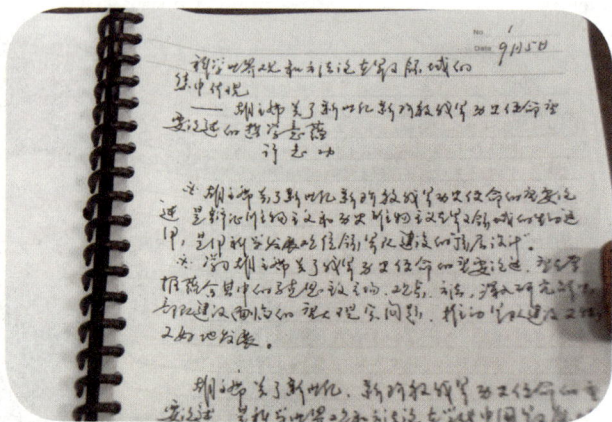

郭毅力将军手迹。

戒、搭建帐篷。

4月12日，为了完成护送奥运圣火燃料任务，郭毅力又带领特勤中队8名官兵第二次登上珠峰大本营。出发前，他告诫官兵，此次护送任务意义重大，燃料稀缺且易燃易爆，一定要在保证安全的情况下圆满完成任务，作为特勤中队，就要敢于打硬仗，打攻坚仗、持续仗，没有完成不了的任务。

4月24日至5月9日，郭毅力第三次登上珠峰大本营，与战士们同吃同住16天。在那段日子里，白天，郭毅力同战士们一起勘察地形，晚上，他都要工作到凌晨，并且每天晚上还坚持查铺查哨。饿了，与官兵们一起啃干粮，困了，与官兵们同住帐篷。由于海拔高，水的沸点低，方便面泡不软，郭毅力不顾身体顽疾与战士们一起吃半硬半软的方便面、啃干粮。晚上温度降到零下 20 多度，早上起来时矿泉水已结冰，他就号召大家用手搓瓶子，水化了喝上两口。

5 月的珠穆朗玛，海拔 5200 米的珠峰大本营，天高气爽，阳光灿烂，但紫外线似一根根针刺得眼睛泪流不止，用手一抹满脸灰屑，空气中充满了酥油味，缺氧的痛苦无法摆脱，大脑昏沉，头疼欲裂，胸闷发慌。郭毅力在珠峰大本营已坚守了 15 天，他的两个脸颊印上了高原红。这里的年平均温度只有零上 3 度，含氧量只有内地的一半。

傍晚，太阳把最后一片余晖洒落在珠峰之巅，好似一座金色的殿堂。凝望着这个几千万年之前从蔚蓝色的海洋中咆哮崛起的万山之宗，郭毅力思绪万千，如此气势磅礴之地，

"平时多流汗，战时才能少流血。"与官兵交流训练心得。

竟是他驰骋了 30 多年的战场。

"首长，明天一早，奥运圣火就要正式登顶了，今晚还是早点休息吧。"秘书韩春打断了郭毅力的遐思。他看了看表，指针已经滑到了 21 点 12 分。郭毅力走进帐篷，缺氧、缺水、缺电，能陪伴他的除了一本《信息化战争作战指挥研究》，就是漫无边际的黑夜和死一样的寂静了。借着月光和烛光，郭毅力翻了两页书，鼻梁上的近视镜在微弱的烛光下似乎起不到任何效果，他只能把书凑得离光源更近一点。"探寻我军信息化战争作战指挥能力的对策……"郭毅力手捧着书，嘴里还一边默默念着。看着总队长刻苦学习的样子，要不是他肩上闪闪发光的麦穗金星，很难把他与将军联系在一

郭毅力在珠峰大本营，白天勘察地形，晚上还要坚持查铺查哨。

青藏铁路唐古拉段是世界海拔最高的铁路线。空气含氧量只有内地的 42%，是"生命禁区"，这也是郭司令最牵挂的地方。

起，此时的郭毅力更像一位备战高考的学子。

"明天我们 6 点钟起床，你要提前把闹钟设好。""是，首长。"帐篷里一片寂静。过了一会儿，郭毅力既轻声又模糊的声音传来，"你把我的作战构想都记下来……"韩春急忙从公文包里找来笔和纸。"拉萨支队 100 人明天早上 6 点前到达广场，要迅速派人占领制高点，同时要注意官兵自身的安全……""广场？"我们现在是在海拔 5200 米的珠峰大本营，哪来的广场？韩春疑惑不解，扭头看了一眼睡在行军床上的总队长，原来是在说梦话……韩春的泪忍不住流了下来。

　　睡梦中的郭毅力很疲惫，为了护送奥运圣火上珠峰，为了祖国一个世纪的梦想，韩春已经记不清总队长有多少个昼夜没合过眼了。韩春蹑手蹑脚地来到郭毅力床边，帮他盖好被子。郭毅力翻了个身，韩春立即抓住了将要滑落到地上的书本，但是夹在书中的《执勤兵力分布图》还是落到了地上。韩春清楚地记得，这张地图是郭毅力趴在地上三天三夜亲手草绘的。在地图上的最上端写着这样一句话："120万平方公里的绝对稳定才是我今生最大的梦想"……

　　寒冷缺氧的藏北高原，漫天风雪的唐古拉兵站，都留下了郭毅力的脚印，留下了他的牵挂。

毫不含糊抓训练

郭毅力在研究战术战法上有一套，抓训练也毫不含糊，他说，平时不加强训练和演练，临时抱佛脚难免手忙脚乱，忙中出错，耽误大事。一些大型、重要的训练，郭毅力都亲自参加，亲自部署，有时靠前指挥。我们从中选取几个有关训练的故事，来领略郭毅力和官兵们的风采——

战斗突然打响

武警西藏总队有句顺口溜："天不怕地不怕，就怕司令搞变化。"这句话说的是郭毅力检查工作不按套路出牌，他从来不打招呼，那些提前得到消息的单位，他偏偏不去。有时候顺着路，走着走着，他想起一个中队，车子一个拐弯就拐了进去，经常搞得单位主官措手不及。

2010年底的一天，反劫机中队的官兵们像往常一样操课。这天中队的官兵们都松了一口气，老兵复退工作圆满结束了，新兵还在集训，大家可以稍微缓口气。指导员给战士们上教育课的时候，心里也轻松了许多，他有说有笑地引经据典，逗得听课的战士们哈哈大笑。一切看来都很平静，但让大家没想到的是，此时郭毅力惦记起了这个中队。他知道在此阶段，中队兵员不足，在这种情况下，如果发生了突发事件，中队会怎么办？能不能处置得下来？郭毅力越想越担心，于是本来办完事要回总队的车子猛然一拐进了反劫机中队。在门口，哨兵刚要问好，被郭毅力制止了，他说："给我拉警报……"还在上课的官兵们被突然响起的警报声惊呆了。这是什么情况？官兵们面面相觑。指导员反应过来，第一个冲了出去，这种声音他再熟悉不过了，这是处置反劫机事件的报警！他立刻组织人员集合列队。让指导员没想到的是战士们七零八散乱作一团，3分钟过去了，场上还一团混乱。

这时，郭毅力从勤务值班室缓缓地走了下来。看到司令员，指导员松了口气，但心中突然又生起一种愧疚感。"怎么回事？为啥战士们如此混乱？"郭毅力问。指导员没了主

郭司令员下基层，睡的是士兵的床，端的是战士的碗。

郭司令员在青藏铁路一个隧道执勤点检查。

意，其实他是有些委屈的。反劫机中队的训练水平是最高的，之所以人员不齐也有客观原因，老兵刚退伍，新兵没入营，装备也没配齐，这样的情况下当然说得通为什么特战队员迟迟不能到位。指导员支吾着，他想说其实中队也考虑过这些问题，但确实存在客观原因，首长也不能一点客观原因也不讲，横竖只骂人吧。

"如果这不是一场演练，而是真正的实战，你怎么办？你作为指挥员怎么带领部队完成任务？"郭毅力又说，"这样下去可不行，咱们要像训练一样打仗，像打仗一样训练。如果现在就让你去作战，咱们就得闹笑话！能完成使命吗？"说到使命，指导员知道要是按照现在这个样子把部队拉出去，保不准真会掉链子，保不准会对国家造成不可估量的损失……指导员越想越后怕，索性低下头不吭声了。"咱们要经常想想打仗和训练的事情，一定要有战斗随时打响的意识，要围绕着这个问题来做文章，不然，同志们啊，咱们愧对的不光是人民群众，还愧对了军人的荣誉！"看着两鬓苍苍的司令员，听着他沉重的叹息，指导员的眼睛湿润了。

被抄了后路

部队警句千万条，但每当听到"前方打胜仗，后方保平安"的警句时，日喀则支队二大队官兵都别有一番滋味在心

"吼一声最近的蓝天，我坚守在高高的雪山顶上。喊一声最亲最爱的祖国，我用生命呵护你的茫茫域疆。"

头，因为 2011 年 3 月 30 日那天，郭毅力司令员的一次"抄后路"，给他们上了一堂深刻的警示课。

3 月 30 日上午，武警日喀则支队在地区体育馆庄严举行年度军事训练汇报，驻市区所属分队官兵警容严整地站在汇报场地等候着首长检阅。检阅时间定在 10 时整。9 时许，郭毅力一行在日喀则支队主官的陪同下早早到达了现场，郭

"步履铿锵读天路漫长，铁肩担道有我辈驰骋万里疆场。"

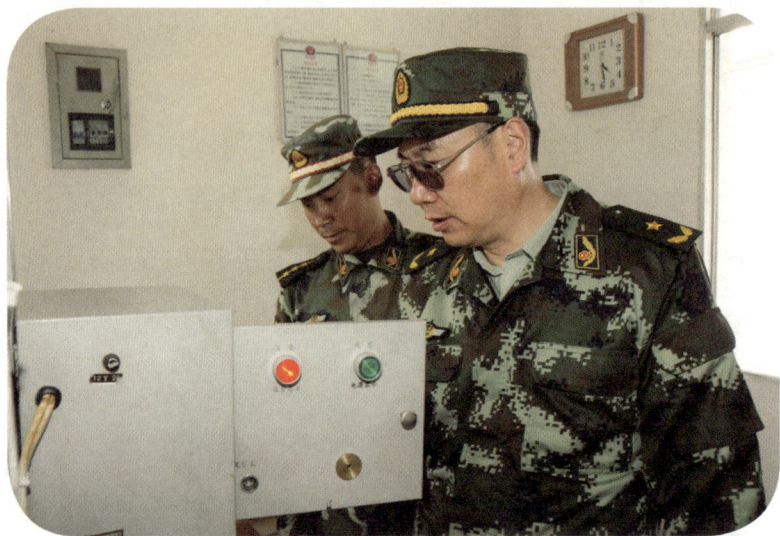

"一定要有战斗随时打响的意识，要围绕着这个问题来做文章。"

——郭毅力

　　毅力看了看时间，对身边的支队长、政委说："离军事汇报还有近一个小时，走，我们去部队转转。"几分钟后，郭毅力驱车到了二大队营区，留守干部七中队指导员王跃利看到首长来了，迅速迎上去。郭毅力环视大队营区随后说道："我们随便走走，参观一下大队建设。"他边说边向车库方向走去，临近车库时，远远看到大队部分车库门在车辆出动后未及时关闭，地上垃圾未及时清扫，王跃利顿时心就紧了一下，他紧张地解释："部队走得早，人员留得少。"郭毅力听后脸上露出不悦的神情，反问道："指导员同志，部队内部空虚时，我能抄你们的后路，敌人能不能?"王跃利顿时愣

"哨位就是战场，执勤就是战斗。我们的部队要拉得出，打得赢。"

——郭毅力

住了，陪同的支队长和政委也红了脸。随后，郭毅力继续沿着大队营区向前走，不时询问大队建设情况，最后来到了大队值班室，查看了网络监控系统以及执勤登记簿等之后，郭毅力问网络查勤员徐进："小伙子，你知道网络查勤员的职责是什么吗？"三级士官徐进听到首长的提问，沉默良久，还是吞吞吐吐地回答不上来。郭毅力严肃地说："小伙子，哨位就是战场，执勤就是战斗，当前部队执行任务去了，留守人员少，如果不法分子在此时袭击营区，就会造成难以想象的后果，所以说身为查勤员要时刻牢记职责，认真履行职责，遇有情况，才能快速反应，有效处置。"

在离开二大队营区的车上，郭毅力语重心长地对支队长、政委说："我此次抄你们的后路，不是有意出你们的丑，而是让你们知道，在任何情况下，都要做到既顾前、又顾尾，两头抓、两头都要硬，就像今天，如果敌人突然袭击营区，就无法确保部队拉得出、打得赢，如果现在就让你们去作战，就得闹笑话，就很难完成使命。咱们要经常想想打仗和训练的事情，一定要有战斗随时打响的意识，要围绕着这个问题来做文章，只有这样，我们才能确保前方打胜仗，后方保平安啊！"

一次实弹射击

2013 年 5 月 17 日下午，阳光普照，无风无雨，对于即将进行实弹打靶的第二支队火炮中队官兵而言，确实是一个不错的好天气。官兵们正在进行火炮阵地设置与射击编组时，郭毅力也驱车来到了训练场，官兵们信心倍增，都想着好好地在司令员面前露一手。

随着口令，3 发炮弹发发命中，官兵们心中暗暗高兴。但谁知突然间起风了，尘土飞扬，设置好的目标成为了"隐显靶"，许多人心里开始犯嘀咕，如果继续打下去，刚刚取得的成绩可能因此改变，不打又没有更好的理由向现场的司令员解释。不觉间训练停了下来，大家都希望大风快点过去。从短暂的停顿中，郭毅力猜透了大家的心思。他没有急于批评或表扬，而是站起来走到射击位置，看着眼前尘土飞扬的靶场说，"这才是好天气。"好像自言自语，又似故意提醒。

既然司令员没有要走的意思，就只能继续练下去。队长邱成彬和其他人一样紧张和担心，他害怕大家在操作中出错，担心因此对中队形象造成影响。邱成彬走到射击阵地，仔细检查，小心叮嘱。原本一次正常的训练课，转眼间成了考核现场。风沙中，第一发炮弹精准命中，战士们舒了一口气，第二发、第三发……随着口令的下达，精准的射击让官

　　"记住，你们是军人，是反恐作战队员，没有什么可以让你们紧张、害怕的！"郭司令的声音穿透风雨，回荡在训练场上。

只要郭司令出现在训练场上，官兵们就信心倍增，斗志昂扬。

兵们再次喜上心头，心想这一次可在司令员面前露脸了，肯定会得到表扬。

但欢喜劲儿还没过去，老天爷好像故意为难他们，大风中又下起了细雨，能见度进一步降低，目标模糊，在这种情况下，对目标射击条件、射击技能、心理素质等的要求都明显提高，更何况平时训练实弹的机会也不多，究竟能打出什么样的成绩，大家心里都没了底。邱成彬试探着汇报，想将部队带回去，郭毅力并没有正面回答，而是要求将部队集合起来。迎着飞扬的雨滴，郭毅力问大家是要实战，还是要成绩，他说执勤不可以选择更好的条件，不法分子更不可能只在好天气违法乱纪，履行职责需要战斗力，训练就要像打仗一样。郭毅力加重了语气，"记住，你们是军人，你们是反恐作战队员，没有什么可以让你们紧张、害怕！"郭毅力的声音穿透风雨，回荡在整个训练场上，官兵们热血沸腾，大家重新回到战斗岗位，随着口令一次次响起，炮弹一发发打出去，虽然成绩不如前两轮，但这才见到了最真实的水平，也看到了差距和不足。

鞋带"系"着战斗力

2013年3月，郭毅力到第二支队反恐大队检查敏感期战备执勤情况。当时，大队长正按照指示组织快反拉动演练，"同志们，现在我们已到达事发地域，各分队迅速下车，面向我成纵队集合！"随着命令，该大队全体作战队员迅速集结，这时，救援中队一名战士在下车时因作战靴的鞋带挂在车门下沿卡榫上，摔倒在地。郭毅力走过去扶起战士，拍了拍他身上的灰尘，看战士没有受伤，郭毅力便蹲下身子，解开了自己作战靴的鞋带，然后一步一步地教这名战士怎样将鞋带系好。

演练结束后，郭毅力在肯定大队反恐快反拉动效果的同时，提出了作战靴鞋带系法与战斗力的关系问题。他说："同志们，战斗力的提升，除了在训练场上摸爬滚打，还要从细微处着手，穿衣戴帽也能出战斗力。就像今天一样，我们的一名作战队员在下车时，因鞋带牵绊而摔了一跤，大家想想看，当我们在遂行任务过程中，作战靴的鞋带余长外露过多，是不是会与地面的灌木等杂物发生牵绊，或者在蹲姿操作装备器材时影响动作展开呢，这样将会影响战斗力的提升，同志们想想看是不是这样。"

从那以后，大队根据司令员的指示，统一纠正了作战靴鞋带的系法，将鞋带系在鞋帮里面，并将余长塞入鞋帮内，不再外露，大大提高了训练和工作效率。"细节决定成败"，就是这个道理吧。

从实战出发

2013年4月中旬，雪绒花迎着暖风悄悄绽放，山顶上的大雪还在裹着风马旗，美丽的雪域高原一片肃穆。就在几天前，在机动大队驻训会议上，郭毅力提出了打破地域界限、训练方法、常规模式形成对抗训练这一思想。"昌都支队要行程1300多公里，阿里支队要行程1800多公里，时间可是不短……""冰雪路，湿滑难行，对驾驶技术无异于一次挑战，非要冒险吗……""弯多坡陡，山高路远，全员全装，失误难免，风险可是不小……"一个个担心接踵而至，保安全与提高战斗力都重要，选择哪一个需要勇气，郭毅力何尝不清楚，但他一句"履行职责使命就不能回避风险"，

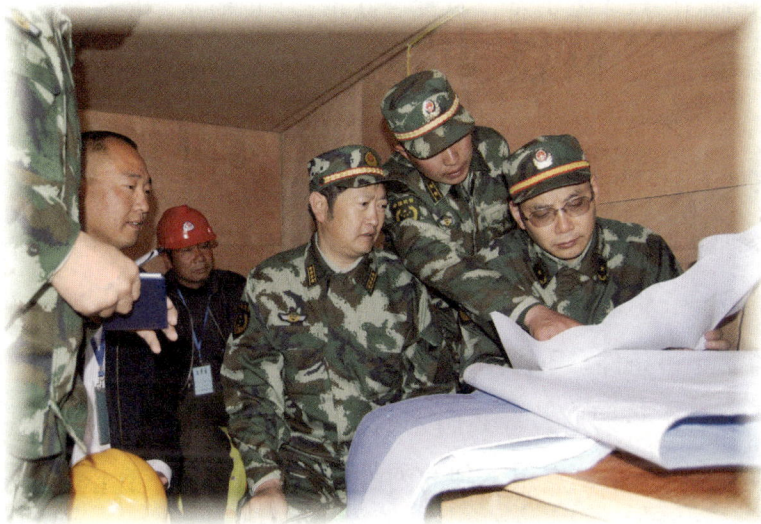

郭毅力总队长在那曲。

让众人无言以对了。

"是否可以搞属地机动集训，地形熟、人员熟、社会面更熟……""是否可以网上集训，省事、省力、省时间……""是否可以试点先行，主官培训……"一条条建议不无道理，是经验，更是血汗的结晶，郭毅力能够体会到众人的良苦用心，但他却坚定地告诉大家，一切需要按照野战、实战进行，关键时刻才能打胜仗。

几天后，车轮滚滚，接到命令的各驻训大队跋山涉水向拉萨开进。昌都支队的车队，出现在最难走、最危险的某国道九十九道弯附近；林芝支队的车队突遇大雨，小心翼翼行驶在悬崖路段；阿里支队的车队行进在大雪之中，路面结冰让他们历尽千辛万苦。昌都支队报告：火炮车身长体重，难以开进，是否可以返回；阿里支队反映：途中遇有修路，可否绕道而行；林芝支队则说：遇有塌方，无法行进。一道道难题印证了事前的担心，但这反而让郭毅力更加坚信了此次集训的必要，他虽然牵挂着天寒地冻中跋山涉水的官兵们的安全，但还是下达了不可抗拒的命令：遇险排险，遇难克难，不讲条件，不讲困难，完成集结。

一个星期后，官兵们完成了集结。他们通过实践认识到：一路走来，意想不到的困难在方案中预想不到；千变万化的应对措施，在办公室里想不出来；被激发出来的强烈取胜愿望，在沙盘推演中不能培养。此时，大家才不得不承认这些风险担得值。

谋发展呕心沥血，雪域深留足迹；保稳定从容指挥，藏地永存功业。

2012年9月18日，郭毅力总队长在林芝支队五中队岗楼检查执勤设施配套情况。

郭毅力还要求，集结过程中，新建的营房不能住，官兵们要住进搭建的帐篷中；宽敞的餐厅不能用，让官兵野炊；新添的浴霸做停电处理，官兵要依靠太阳晒水洗澡。面对各级指挥员的不解，郭毅力只给出了一个理由：一切从实战出发！

2013年5月24日，检验成果的实战不期而遇，那曲比如县某乡4000余人聚众闹事。接到增援命令，第一支队、昌都、林芝、山南、阿里600余名官兵，150多台车辆，30分钟内全员全装准备完毕，9个小时冒雨顶雪长途机动700余公里后，迅速平息了事态，成功实现了"一地有事，多地联动"的战略战术构想……

拆除"花架子"

2013 年 6 月 6 日下午，小雨淅淅沥沥地下着，郭毅力要到第二支队特勤中队检查，中队和预选分队进行了精心准备，想要给司令员一个惊喜。

郭毅力的白色越野车一驶进营区，16 名预选队员映入他的眼帘。伴随着整齐响亮的口号，战士们分成四组站在水坑中进行扛圆木训练。"场面够大的。"郭毅力下了车，认认真真地观看。他让 4 名预选队员走出水坑，做单腿深蹲。1个、2 个……10 个，渐渐地有的人开始保持不住身体平衡，开始站不稳，也有蹲下去起不来的。看到这里，郭毅力转身对干部说："4 米长的圆木，直径 40 公分，经过水泡重量可达 150 公斤，预选队员刚刚进行了 1 个月集训，现在战士们的爆发力和体质都没有达到最佳状态，有必要训练这样的科目吗？"在场干部低下了头。郭毅力耐心地说："你们也是想把好的一面展现出来，这个可以理解，但我们要的是能打仗、打胜仗、打大仗、打恶仗的部队，要本着仗怎么打兵就怎么练、打胜仗需要什么就苦练什么的思想，把握好训练的强度、力度、高度和难度，要下功夫研究这个课题，而不是搞应景式的花架子。"

随后，郭毅力来到了演练现场，在那儿，参演官兵背着 15 公斤重的背囊，一名战士在突入房间内解救人质时，背囊挂到了墙上险些将战士牵倒。郭毅力看完演练，在讲评会上问："解救人质还需要背着15公斤重的背囊去吗?"现场一片沉默。

"经不起实战考验就谈不上战斗力。"在此后的训练中，特勤中队始终把实战化作为训练的硬性规定，将所有科目按照实战化展开，结合不同专业的训练特点，打破了往年的方块条框，把那些"花架子"请出了训练场。

郭毅力抓训练的故事，三天三夜也讲不完，每个官兵都有着鲜活的记忆，严师高徒，良师益友，那些深邃的思想，那些谆谆教导，那些做人的原则、工作的遵循，那些语重心长，成了官兵们一生难以忘怀的回忆，成了伴随他们成长的宝贵财富。

郭毅力不顾病痛的困扰，亲赴一线为官兵加油打气。

摄影：杜云丽

红

一枝一叶总是情

红色，象征着关爱和温暖。郭毅力就像博大的海洋，用宽厚的胸膛，用有力的臂膀，用赤子的情怀，呵护着高原的父老乡亲，呵护着他手下的干部士兵。郭毅力又像绵绵细雨，把自己的真心、自己的炽爱揉碎了，将一份份真情播撒在这片圣洁的土地上，生根发芽，开花结果，生生不息……

后勤部长不简单

1998 年 12 月，郭毅力升任武警西藏总队后勤部部长。后勤部管的就是吃喝拉撒，西藏的自然条件如此艰苦，让官兵吃饱吃好是郭毅力首先要考虑解决的大问题。受环境影响，那时部队种不了菜，养不了猪，官兵基本吃不上绿叶菜，肉也供应不上，许多人营养不良，掉头发等维生素缺乏症非常严重。

在郭毅力当后勤部长的三年里，他首开了在西藏规模化、科学化和集约化种菜、养猪的先河。记者采访时，郭毅力说，"我在当后勤部长的时候干了两件事情，到现在我记忆深刻。第一是我到内地取经，把樱桃西红柿的秧儿带回来，在我们农场试种成功，现在西藏的樱桃西红柿都是从我们武警部队出去的。再一个就是黄瓜嫁接技术、大棚技术，客观和不夸张地讲，2000 年我们开创了西藏农副种植业的先河，就是在我们这个地方开始，整个西藏普及了大棚蔬菜，到现在保障了西藏蔬菜 80%的自给。"

之前，西藏也有大棚温室，但御寒功能差，菜长不起来，存活率也很低。郭毅力看了很多书，动了很多脑筋，最终搞出了"多层保暖温室"，也就是把全地面式单层大棚调整为半地下式两层至三层大棚，并在棚顶设置一层移动棉褥，夜晚寒气袭人，就给大棚盖上"被子"；白天阳光灿烂，则将棉褥完全拉开。不仅自己动手试验，郭毅力还带领来自全总队的130名种养技术骨干前往内地拜师学艺，不但掌握了科学种养技术，还"讨"回了40多种菜苗。其中，近1/3的品种以前从未在西藏的土地上存活过。

关于这段历史，郑勇在报告文学中是这样记述的——

郭毅力妻子钟玲是这么说的："他就像上了瘾一样，一有时间就往种菜养猪的地方跑。"钟玲还讲了个小故事：1999年8月的一天，郭毅力回家宣称："这次终于有7天假，我要带咱们家两位美女好好出去旅游一回。"妻子钟玲和女

郭毅力与妻子和女儿。

郭毅力与妻子钟玲。

儿郭琦自然相当高兴，立即收拾好行李随郭毅力一起直奔上海。次日，郭毅力领着母女俩顶着炎炎烈日来到郊外，下车后徒步走了好几公里，终于抵达"目的地"：一片大棚温室。这时候，郭毅力似乎完全忘记了自己是带妻子女儿出来旅游的，一头扎进温室，没完没了地向菜农请教，直至夜幕降临。第二天，依然如故。女儿自然不乐意了，向父亲提出"强烈抗议"说："哼，你带我和妈妈旅游是假，让我们陪你看菜地才是真实目的！"郭毅力歉疚地说："没办法，我这辈子就是工作第一的命。我欠你和妈妈的，等我退休后一定加倍偿还。"进行种养试验那段日子，郭毅力几乎每天都要带着时任军需处长张绍明跑一趟总队农场，同官兵们一起琢磨解决各种难题的办法，一起探讨确保菜苗正常生长、生猪顺利育肥的"妙计"。女儿来队探亲时，总见不到父亲，大为不满地说："爸爸，你对这些菜秧和家禽家畜怎么比对我还上心呀？"郭毅力耸了耸肩，然后摊开沾满泥土的双手，笑道："女儿是自己的，永远跑不掉；我这个农副业生产却是属于全西藏人民的，搞不好就泡汤了。"几个月后，西藏总队农场菜旺猪肥、鱼游鹅鸣、鸡鸭成群，可看可听、可赏可吃。自治区主要领导获悉后，专门组织"四大班子"和相关厅局领导以及各地市党政"一把手"共60多人前往参观。一到现场，领导们马上睁圆了惊喜的双眸："这是搞农副业生产吗？纯粹就是在种养钞票！"更重要的是，这些肉菜投

郭毅力在总队农场，同官兵们一起琢磨解决各种生产难题的"妙计"。

西藏总队农场被命名为"西藏自治区农副业生产示范基地"。

放市场能极大丰富群众的"菜篮子"、有效调整群众营养结构，实在是可喜可贺、善莫大焉！自治区领导当场拍板，将西藏总队农场命名为"西藏自治区农副业生产示范基地"，并专门指示："这一茬菜就不要吃了，让全区干部群众都来参观，看看什么才叫现代高原农副业生产。"郭毅力笑得合不拢嘴："我们种了一季政治菜！"

受自然环境、经济条件和历史因素制约，当时的西藏总队全面建设基础特别是硬件建设基础相当薄弱，主要表现为：生存环境差，多数基层中队营房破旧、围墙倒塌，官兵寒冬取不了暖、胸闷吸不了氧、感冒治不了病；训练环境差，近1/3的县中队面积狭小，障碍训练场、军体训练场

"这一茬菜就不要吃了，让全区干部都来参观，看看什么才叫现代高原农副业生产。"郭毅力看着新鲜的农产品，乐得合不拢嘴。

和格斗训练场一律没有，甚至，连队列训练场都没有，甭说组织投掷训练，哪怕是打乒乓球，稍微用力一点也得到邻近单位或居民家中捡球；执勤环境差，基层看守所普遍是土坯建筑，监墙高不过两米半、宽不盈一尺二，夜间漆黑一团，栏杆摇摇晃晃，几乎年年都有执勤哨兵被狂风"推"下监墙摔伤摔残的惨剧发生……不到半年时间，郭毅力跑遍了分布在西藏120多万平方公里土地上的每个中队、每个哨位。越跑，他的心越沉重，他的情越急切。一直以来，总队党委历届班子都在为改变环境、改善条件不懈努力，但是，事实证明：仅靠自身力量抓部队建设是远远不够的，必须请求"火力支援"，必须"惊动上层"。于是，郭毅力开始到处"诉苦"、多方"化缘"。有的领导对他产生了不良印象，觉得"这个同志"咋染上了"哭穷"的毛病呢？于是耐心教育郭毅力要"立足实际，服从大局"、要"多启动内因，少寻求外援"。看来，必须改变策略！再次奔走"上层"，郭毅力不叫苦了，而是极尽美化之能事，把西藏说得像天堂，把每个中队说得像公园，一遍遍地隆重邀请各级领导前往雪域高原体验"极地享受之旅"，顺带检查指导工作。2008 年夏末秋初，武警党委专门派人陪同国家相关部委的同志前往西藏各地市考察。毫无疑问，美仑美奂

"这些蔬菜能丰富广大群众的'菜篮子'，我们种了一季政治菜。"

——郭毅力

133

的西藏风光令人心旷神怡。然而，进入西藏总队每座营房时，领导们的心却直往下沉、泪直往下掉：都啥年代了，高原武警官兵居然还是这样一种生活状态、还是这样一种工作环境！很快，来自国家相关部委的同志主动提出：改变行程，停止"观光"，直接对西藏总队营院建设情况进行详细调研，拿出切实可行的整改计划！此后几年，国家为西藏总队营房营区建设累计投资超过16亿元。如何把这些钱用好用实用到位，又成了郭毅力日夜思考的问题。他带领总队机关的同志，研究提出了"建一流营院、训一流部队"

国家为西藏总队营房营区建设累计投资超过16亿元，郭毅力要求把这些钱用好用实用到位。

郭毅力提出"建一流营院，训一流部队。"的总体目标。

的总体目标。接下来，他多次带人或派人前往兄弟部队参观学习，一张张地审验和修改设计图纸、一趟趟地进行现场监督指导，高效率、高质量地完成了140个基层中队、65个增（扩）编单位和6个驻训基地的营房建设和配套设施建设，以及驻海拔3000米以上基层中队102个温室大棚、97个保温猪圈的工程建设。办了一件件实事。

苛刻将军只为民

区域训练基地农副业生产基地刚刚建成，正赶上春播季节，适逢部队担负拉萨社会全面防控任务，需要聘请大量地方群众，帮助区域训练基地开耕播种，当往年的聘请公告呈到郭毅力手中时，却被他全部否决。"我们聘请老百姓的目的，不仅仅是为了解决部分就业问题，更重要的是如何引导驻地群众发家致富，这才是我们部队模范贯彻执行党的群众路线的最终目的。"在郭毅力的亲自组织下，一份几近苛刻、不同

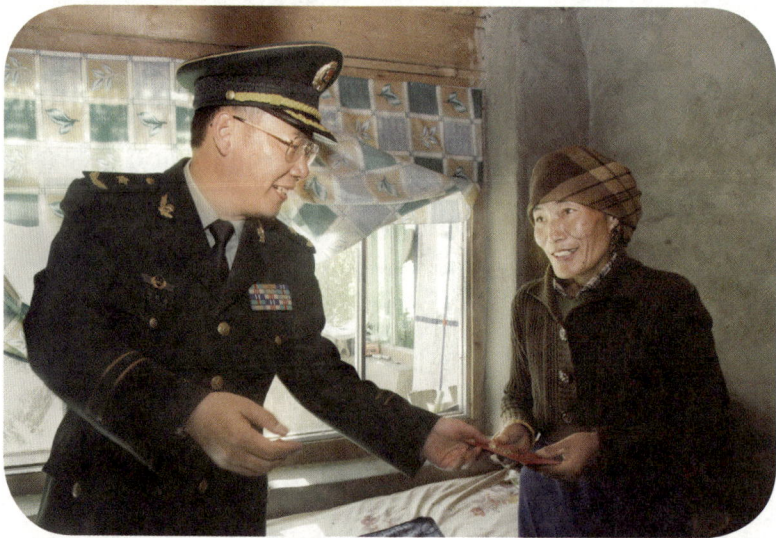

2011 年 10 月 25 日，郭毅力总队长为当地困难群众送去慰问金。

136

2011 年 10 月 25 日，郭毅力总队长看望驻村点儿童。

凡响的招聘公告张贴在驻地周围：我部需招收大量群众协助部队开耕播种，招聘条件如下：1.必须在高中文化程度以上。2.有种植经验者优先。3.工资待遇：为应聘者提供建筑蔬菜大棚和种植技术……招聘公告一贴出，顿时在驻地百姓中引起轩然大波。许多百姓纷纷表示不理解，认为招聘条件太过苛刻，不仅需要文化程度，还不付工资，谁愿意白帮忙啊。一时之间，"苛刻将军"的外号悄然在百姓口中传开。

面对百姓的不理解，郭毅力指派专人成立宣传小组，挨家挨户登门解释，告诉群众这样做的目的在于帮助大家学习种植技术。经过宣传，还真有不少人抱着试一试的态度，协助部队进行开耕播种，一场帮助村民致富的战役悄然打响。郭毅力指示部队成立了专家组，指导当地百姓开始大棚建造和种植技术，并指派专人帮助老百姓协调银行申请贷款业务。在部队相关部门的帮助下，各式各样的大棚雨后春笋般冒了出来。

帮忙帮到底，在大棚里的蔬菜成熟后，郭毅力又采取部队购买和联系地方买家相结合的方式，帮助驻地群众销售蔬菜。此后，郭毅力又主导开展了"万人千户工程"，走警民融合式发展道路，使千家万户发家致富，受到群众的一致好评。

扶贫帮困没冬天

2011年年初，武警西藏总队万人千户活动再次启动，正在林芝地区检查工作的郭毅力走进了工布江达县白巴镇秀巴村。郭毅力了解到村民们冬天吃蔬菜存在一定的困难，盖温室大棚一方面缺少技术，另一方面资金相对紧张，便让秘书马东俊记下：秀巴村需要援建3个温室大棚和一个农作物浇灌水渠。

"帮贫助困没有冬天，它是一个长期的过程"。

——郭毅力

　　回去后，在确定援建项目时，有人提出温室大棚应该在夏天或秋天援建，郭毅力却说："帮困扶贫没有冬天，它是一个长期的过程，我们的扶持资金过去了、技术过去了、人员过去了，但也不能立竿见影，群众更需要一个消化吸收的过程。"不久之后，在林芝地区工布江达县新农村示范点白巴镇秀巴村，14.5 万元建设资金全部到位，3 栋温室大棚和一个农作物浇灌水渠建设项目正式启动。

　　这样的援建项目在西藏有多少个，许多人记不清了，郭毅力多少次在工作笔记本上记录援建的内容，连自己也忘记了。自治区的领导记得，郭毅力在机场高速公路两侧带头栽下幼苗，启动了"武警世纪林"工程，植树 8400 余株，种草治沙 100 余亩，打造了高速公路绿色屏障；拉萨敬老院的老人们记得，郭毅力带着医护人员、服务小分队和慰问品，冒着寒风雨雪给他们送来温暖。

2012 年冬天，郭毅力途经江孜武警爱民学校，看到学生们站在风中排队打饭，冒雪蹲在地上就餐，用冰冷的水洗碗时，他的心痛了。他来到学生中间了解情况，当他看到 14 岁的扎西双手通红时，郭毅力赶紧上前关切地问道："这么冷的天气，你们觉得苦不苦，给你们盖大食堂好不好？""武警叔叔谢谢你，你们送给我们很多东西了，我们只

郭毅力多方协调筹集了 60 万元，为江孜武警爱民学校新建了食堂，解决了师生就餐难的问题。

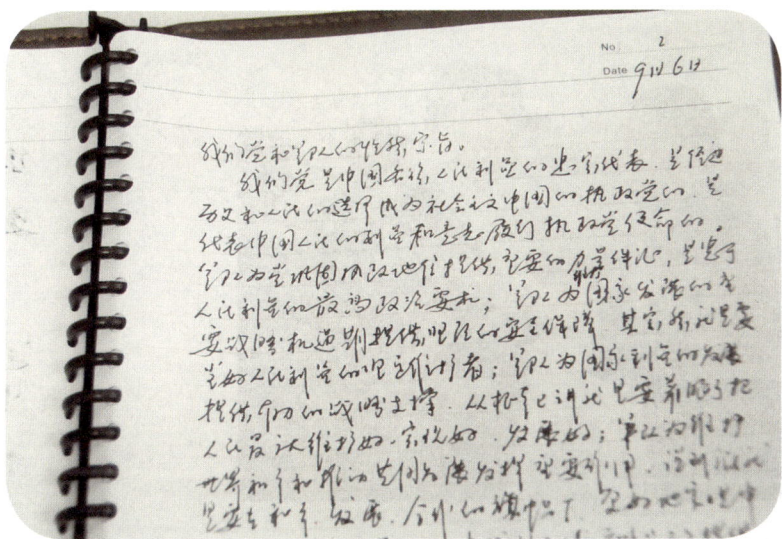

郭毅力将军的手迹。

有好好学习，不能怕吃苦。"没有想到，扎西的一句话让这位年过半百的将军流出了热泪。回来后，郭毅力多方协调，筹集了60万元为江孜武警爱民学校新建了食堂并捐赠了相关设备，彻底解决了该校师生就餐难的问题。郭毅力深有感触地说："孩子是祖国的未来，我们有义务有责任帮助他们，我们宁愿自己吃点苦，也不能让他们吃苦受冻。"

近年来，郭毅力的足迹遍布了那曲、阿里、昌都等最艰苦、最边远的学校，还指导各支队协助地方新建了武警爱民学校，并设立奖励经费，建设青少年国防教育基地，派出课外辅导员，大力帮助地方发展教育事业。仅在那曲地区武警爱民小学，郭毅力就筹集资金20万元为两所学校捐赠了教

地委领导为郭司令员献哈达。

学设备，并争取经费 247 万元为那曲武警爱民学校新建了基础设施。如今，每当悬挂武警牌照的车辆行驶在公路上时，总能看到路边行走的学生整整齐齐地停下来敬礼，这成了见证人间大爱的一道亮丽的风景线。

据《人民日报》报道：2007 年年底，郭毅力与政委带头与贫困学生结成"一帮一"助学对子，并要求团以上干部每人定点资助 1 名贫困学生，负责其上学期间的学杂费、书籍资料费等，直至高中毕业。目前，总队已对口资助 606 名学生。10 年来，总队官兵累计捐款 550 多万元，建起了 15 所设备齐全的希望小学，使几千名失学儿童重新背起了书包。同时，总队要求每个支队结对帮扶一个贫困学校，每个大队帮扶一个班级，每个中队帮扶 1 至 2 名特困学生。

"西藏要发展，教育要先行。"郭毅力总是跟人们这样说。

司令员的忧心事

郭毅力在藏工作 38 年来，时刻把人民群众的疾苦放在心上，想方设法为群众解难事、办实事，赢得了西藏各族人民的爱戴，人们亲切地称他为"一心为民的将军"。

郭毅力经常跟身边的工作人员说："在西藏，群众工作不仅是扶危济困、治病救人，更是在宣传群众、争取群众、赢得民心，是在践行人民武警为人民的宗旨，是在巩固党的执政之基，这是关系民族团结的大事，是关系边疆长治久安

2011年10月25日，郭毅力总队长向林周县边林乡卡优村卫生所赠送医疗设施。

的大事。"2010 年 3 月的一天，郭毅力来到医院检查指导工作。工作检查完后，他又顺便来到病区转了转，就在这时，他看到一位老大爷颤颤巍巍地在挂号室外排着队挂号，老大爷头发花白，由于站不稳，还拄着拐杖。"这怎么能行？"他上前一把扶住老大爷，搀到了旁边的座椅上，他关切地询问："老大爷，这是怎么啦？"经过详细了解，原来老大爷来自林周县卡优村，今年已经 72 岁高龄了，他经常感到胸闷，已经有十来年的历史。郭毅力又详细地询问起当地的卫生医疗条件，这才知道卡优村卫生所只有两名医生，每逢农忙季节，她俩还要回家收地、种地，卫生所常常是空所。另外，卫生所医疗条件很差，药品也很少，只能诊治一般的小感冒，遇到稍微重一点的疾病，只能往拉萨送。像老大爷这样的胸闷情况，由于没有必要的医疗器械，根本没法检测。

这怎么行？看着满头白发的老大爷，郭毅力沉默了：要是老百姓得了重病，需要紧急治疗，而卫生所又提供不了基本医护条件的话，岂不是要耽误病人，这可是人命关天的大事啊。他不敢细想。回到总队后，整整一天，秘书都不知道司令员怎么总是阴着脸，一副忧心忡忡的样子，秘书忐忑地问司令员是不是遇到了什么忧心事。郭毅力紧蹙着双眉，半晌没回答，却又突然问他："咱们给卡优村援建个卫生所怎么样？"没等秘书回答，郭毅力又说："咱们牧区的老百姓真不容易啊，我们是人民的子弟兵，我们应该帮助他们渡过难关。"说完，郭毅力迫不及待地要通了自治区卫生厅的电话：

"我想以武警总队名义援建卡优村卫生所……"地方领导同意了。经过研究讨论，总队党委一班人都对援建卡优村卫生所表示赞同，有关部门立即着手援建的相关事宜。

经过大家的共同努力，在警地的多方协作下，2011年10月25日，总队多方筹集25万元资金援建的卡优村卫生所正式揭牌，从根本上解决了卡优村及临近9个自然村389户、1954名村民的就医难问题，同时，总队医院还捐赠了价值近6万元的医疗设备，并承诺每年免费为卫生所培训医护人员。自治区副主席德吉在揭牌仪式上满怀深情地说："武警总队官兵时刻牢记全心全意为人民服务的宗旨，急群

郭毅力大力推行安居工程，积极改善官兵的生活条件，对所有基层部队的营房进行了改建和扩建，为高原支队配备了制氧设备，启动了氧气工程。

众之所急、帮群众之所需、解群众之所难，为西藏大局稳定、经济发展和社会和谐做出了突出贡献，表现出高度的政治责任感、强烈的拥政爱民意识和崇高的无私奉献精神，我代表区卫生系统，向武警总队全体官兵给予的关心和支持表示衷心的感谢……"

在揭牌仪式现场，60 多岁的村民索朗多杰手捧武警医护人员发放的药品，激动地对郭毅力说："感谢金珠玛米①，感谢活菩萨，以前我们有病找不到医生，有了医生找不到药，现在医生有了，医疗条件也好了，我们感谢您，感谢您的部队，您就是我们的活菩萨，祝您扎西德勒② ！"

近 5 年来，西藏武警总队先后对口援建了村卫生所 10 个，派遣 300 余批次医疗巡回义诊分队，深入到那曲、阿里等 340 余个村镇，免费为农牧民看病 5 万余人次，抢救危重病人 430 人次。

藏历新年的祝福

藏历新年是西藏一年中最盛大的民族传统节日。2010

---

① 金珠玛米——藏语是解放军的意思。
② 扎西德勒——藏语是吉祥如意的意思。

年 5 月 18 日，文化部公布了第三批国家级非物质文化遗产名录推荐项目名单，拉萨市申报的"藏历年"入选，列入民俗项目类别的非物质文化遗产。每到这一天，藏族人民都要互致藏历年祝福，传递浓浓的新年问候。

郭毅力从来都不会忘记在这一天为西藏总队的民族干部送上一份节日问候和真挚的祝福。工作战斗在西藏三十多年，郭毅力学会了简单的藏语对话，非常了解藏民族风俗习惯，十分尊重民族传统文化。2012 年藏历水龙新年初二早上，郭毅力与总队其他几位首长来到武警西藏区域训练基地政治委员朗杰家，给全家人拜年。那天早上，朗杰全家人捧起"切玛"到门口迎接司令员，一走进家门，郭毅力第一句

郭毅力与连队官兵在一起。

2011 年 11 月 11 日，郭毅力总队长在拉萨支队查铺查哨时查看哨兵着装是否保暖。

话是用藏语道出的"洛萨扎西德勒"（新年好），而后他熟练地用拇指、食指和中指拈起一撮糌粑、几粒青稞抛向天空（表示敬神）；再拈起一撮糌粑和青稞送进自己嘴里（感谢主人的盛情）。一举一动饱含着一位将军爱护民族干部、尊重民族风俗习惯的深厚情意。

在聊天中，郭毅力对藏历年的由来，藏族人民过新年准备"切玛"、制作"卡赛"、藏历十二月二十九吃"古突"、风干牛肉等民俗风情都作了详细了解。郭毅力一边喝着酥油茶，和朗杰等人一样把糌粑面放在碗里，在碗里放些茶水，然后用手顺碗边轻轻地拌和，直到能捏成团为止，将糌粑团捏成适意的粑，送嘴而食；一边向朗杰家人学习简单的藏族节日用语，比如，人们相逢的第一句话是"罗桑尔让"（新年好），"扎西德勒"（吉祥如意），"扎西德勒彭松措！"（愿吉祥如意美满）等等。席间，郭毅力谈笑风生，和蔼亲切，幽默风趣，字正腔圆的藏语发音赢来大家一阵阵掌声。

藏族对牛羊肉有一种独特的吃法，喜欢食风干牛羊肉，往往是在每年的十二月底做，这时气温都在零度以下。通常将牛羊肉切成条状，也有的抹上盐和一些野生的佐料，挂在通风、阴凉的地方，让其冰冻风干，既去水分，又保持鲜味。第二年春季即可食用，口感酥脆、味道鲜美。每年到了做风干牛肉的季节，郭毅力见到朗杰总是亲切风趣地说："朗杰政委，别忘了给我准备点风干牛肉哦。"

郭毅力用滚烫的热情，温暖了这片他工作和生活过的大地。

心中装着官与兵

郭毅力当上武警西藏总队司令员之后，大力推行安居工程，积极改善官兵的生活条件，对所有基层部队的营房进行了改建和扩建。2010 年，郭毅力又组织启动了氧气工程，为高原支队配备了制氧设备，让海拔 3000 米以上的中队官

总队长郭毅力深入执勤一线看望官兵。

兵都能吸上了氧。在成都为团以上干部建设经济适用房……

在抓大的同时，郭毅力也不放小，即使是普通一兵，他们的冷暖安危、健康，甚至思想变化也都牵着他的心。

2009年12月，当郭毅力得知拉萨支队二大队八中队的一名战士远在江西的父亲因胰腺炎、糖尿病再次住院时，他立刻要求有关方面给予关照。很快，支队领导询问了那名战士家里的情况，中队主官及时与其家人、医院联系，了解病人病情，并向所在地民政部门发函协调相关事宜。在各方的关心和帮助下，该战士的父亲在医院得到了很好的治疗，病情慢慢得到了控制。后来，他父亲打来电话说："我的病情好转全靠部队的关心帮助！你能到部队这个大家庭里工作生活是你的福分，不要辜负了领导的期望和关怀，要在部队老实做人，踏实工作，听领导的话。"听完老父亲的话，那名战士热泪盈眶……

2010年初，日喀则支队萨迦县中队新营房建设完毕并正式入住，但官兵脸上的笑容仍透着一丝阴霾。这是县城水质含碱过高，不适宜饮用造成的。4月13日中午，郭毅力听说萨迦县中队饮水困难，就专程赶了过来。一到中队，郭毅力就来到战士宿舍，亲切地问："新营房住得舒不舒服，你们喝的水是什么情况，能跟我说说吗？"当他得知是因为萨迦县城水质含碱度过高不符合饮用标准，造成中队饮水困难时，便亲自带队到县城调查情况，与支队领导研究解决方案，同县政府协调有关事宜。为彻底解决官兵饮水问题，总队最终决定从有限的经费中拨出50万元为中队购买和安装

郭毅力一直高度重视青藏铁路无人区段的巡逻任务。

净水设备。不到半个月的时间，该中队官兵喝水难的问题彻底得到了解决。

青藏铁路无人区段的巡逻任务，郭毅力一直高度重视。该部队刚刚组建，任务安全容不得半点马虎。郭毅力数次穿梭于无人区铁路沿线，了解敌社情、安全隐患、兵力配备、组勤方式、通信联络、部队的快速反应等，并耐心指导，直到问题一个个迎刃而解。2012 年 7 月，引智工程在铁路守护支队全面铺开，当郭毅力看到海拔 5000 多米的中队营区有了绿色，官兵能在休息时在生态温室里吸着氧气、开心地玩耍时，他笑了，高兴地说："这下，我们最艰苦地方的官兵也能有新鲜的蔬菜吃了，寒冬里有自己的活动空间，也能看到绿色，我在拉萨也能睡上一个安稳觉了。"在郭毅力眼里，部队建设无小事，官兵健康无小事。铁路守护中队组建 5 年，郭毅力就来了 8 次，每次离开中队时，都再三叮嘱要关心爱护好战士们的身体。

将军送了三本书

在官兵印象中，郭毅力总是那么忙。到了双休日，他依然雷打不动地到办公室上班。周末找他签文件的人只要去办公室，他一定在，而且每个去找他的人，都会被他身后书架上一排排的书籍所吸引。书籍虽然都是简装的，有些破旧，但却整整齐齐，犹如列队迎检的士兵。郭毅力喜欢看书，身边的人都知道。转业干部郑勇不但知道，而且受益匪浅。

2010年5月中旬，时任总队宣传处处长的郑勇陪同郭毅力去海南三亚参加武警部队军师职干部理论读书班，期间郭毅力一直在看《国际金融》，郑勇不明白作为一名将军，为什么会对金融方面的书籍感兴趣。一次晚饭后，郭毅力对郑勇说："娃儿，这本书我认真地读了一遍，觉得是个宝贝，现在送给你，到时候我要验收你读后的成果。"郑勇读完后才明白，一本论述经济决定上层建筑的书籍，应用到部队上就是：心中装着基层官兵，才能提高完成任务的效能；注重基层建设发展，才能更好推动武警现代化建设；把基层的事情办实在，机关才能发挥更大的作用。看似一本与部队无关的书，却折射出治军之道。

再次收到郭毅力赠送的书是2011年8月1日，郑勇转业后的第一个建军节。晚饭过后，郑勇接到了郭将军的电话，"娃儿，过来我送你一个宝贝。"作为一名转业干部，郑勇感到有些意外。电话里郭将军说的送个宝贝更是让人摸不着头脑。怀着忐忑的心情，郑勇走进郭毅力家，一看郑勇才明白，所谓的宝贝，其实就是一本《辩证看，务实办》。郭毅力看了郑勇一会儿，然后慢慢地说："这是一份建军节的

2012年9月20日，郭毅力总队长在山南支队调研时，与基层干部进行交心谈心。

礼物，虽然你现在转业到了地方，但是你要时刻保持清醒，不要乱了思想。"将军的话意味深长。通过研读书中涉及的社会热点问题和对各种思潮的分析，郑勇明白了，老首长告诉自己要始终恪守党员的本色和坚守军人的气节。

2012年8月1日，郭毅力又一次送来了"宝贝"——《从象雄走来》。这是作者融合历史考证、风土人情和游记感悟而著的一本具有历史和文学价值的书，不但文字精美干练，清新优雅，而且内容丰富翔实。郭毅力对郑勇说："我知道你近些年先后在40多家媒体上刊发了100多万字的作品，获过不少奖项，这一成绩不但要保持，而且要做一名学者型的领导干部。"

2013 年 7 月 6 日，郭毅力得知郑勇工作岗位由自治区外事办调整到自治区纪委时，他在电话中叮嘱："郑勇娃儿，你要做到不辱使命、不愧组织、不负领导、不欺百姓。"

最是亲情值万钧

每个成功男人的背后，都有一个伟大的女人。郭毅力常年在西藏，除了工作还是工作，照顾家庭就成了妻子钟玲的责任。虽然长时间过着牛郎织女的生活，但这份浓浓的亲情，永远都难以割舍；那份牵挂，都在这个小家成员的每颗心中。

钟玲常年犯严重贫血，一次去医院检查时，又诊断出患了子宫肌瘤，要治愈的话，必须做手术，可是这么大的手术必须有家人签字。当时，女儿郭琦在北京上大学，郭毅力又在那曲检查工作，回不来。

"医生，我能不能自己签字？"钟玲问医生。

"不行，这么大的手术，法律规定必须得家属签字。"医生接着问，"你没有丈夫吗？"

"我有，他在很远的地方工作。"

"你丈夫这么不关心你啊，这么大手术也不来。"

"不，他很关心我，只是他太忙了……"

2013 年 6 月 5 日，郭毅力司令员在区域训练基地视
察两业生产时，与种养殖人员一同劳动。

没有办法，钟玲只好硬着头皮给郭毅力打电话。郭毅力
说："我正在那曲检查工作走不开，你看能不能跟医院商量
一下，换个我有空的时间再做手术？"

钟玲只好又去找医生商量，终于安排在郭毅力下基层回
来的日子做手术。"这是他多年来形成的习惯，他只要确定

下基层的日程，除非有特殊情况，否则雷打不动。"钟玲很清楚丈夫的习惯。

钟玲做手术时，郭毅力好不容易请了三天假过来陪她。虽然请了护工，但是郭毅力却不愿意休息，坐在窗前的小板凳上陪着钟玲，中午就在门口买个盒饭吃。"护工哪有我这么细心。"郭毅力总是笑呵呵地对钟玲说。

这是郭毅力当总队主官以来，唯一一次请假来陪她。第四天，钟玲出院，郭毅力又匆匆坐上第一趟航班赶回了西藏。

郭毅力有两个女儿，大女儿至今仍在深圳打工；小女儿郭琦正在读大学。二十多年来，郭琦和父母待在一起的时间不超过 3 年。孩子考取了中国人民大学，但女儿高考、上大学，郭毅力都没有去送她。2012 年，郭毅力到北京开会，女儿想见他一面，但郭毅力因为有事一再推迟，郭琦等到晚上 9 点才见到父亲，恋恋不舍，好像有说不完的话。郭毅力随行人员想给郭琦在宾馆开个房间，明早再回校，郭毅力却坚决不允许。

寒风凛冽的北京街头，望着泪眼婆娑的女儿，郭毅力一把抱住郭琦："女儿坚强点，赶紧回去。"平时，郭毅力常对女儿说："爸爸的荣耀和事业是拼搏而来的，你的未来要靠自己去创造。"郭琦的档案里，家庭资料栏一直填着，父亲，在职军人；母亲，退伍军人，没有填写具体的职务。

摄影：杜维伟

金

浩然之气满乾坤

金色，象征着高贵。郭毅力就像一块真金，任凭风吹雨打，任凭刀凿火炼，仍不改其本色。他从不因位高而搞特殊，从不因权重而谋私利，他的身上只有浩然之气、凛然正气，因廉而生威，因廉而赢得恒久的敬重……

父亲来信敲警钟

在郭毅力的书桌抽屉里，有一个透明的塑料盒。里面整齐地放着一堆发黄的信件。在这些信件当中，除了很少一部分是爱人钟铃寄来的之外，大部分都是父亲亲手写的。在所有的信件当中，给郭毅力印象最深的还是 2007 年他被任命为武警西藏总队总队长之后父亲寄来的那封信。

那天，报纸杂志收发员送给郭毅力一封信。看信上的地址是从四川雅安老家寄来的。现在的通信技术很发达，老家有手机，并且电脑也装了视频聊天，平时有啥事都是打电话，今天怎么改寄信了？沿着封口，郭毅力小心翼翼地拆开信封，生怕撕破信纸错漏信中内容。这封信不长，共两页，字写得很大，共 21 行，大致算算，不足三百字。父亲在信中说："你现在是总队一把手，这是咱家八辈子积来的德，全家人都高兴得不得了。不过，在其位要谋其政，任其职要尽其责。最近，听说你们单位要搞后勤三项建设，你弟弟知道后，认为这可是个好差事，他打算这几天要来西藏找你包工程，我了解他，他不是那块料，你千万别答应他。你一定要坚持自己的原则，对部队负责，对国家负责。"

郭毅力读完信，愣了半天。父亲吃过的盐巴比自己吃过的米都要多。自己从小到大，任何事情都在他老人家手心里攥着呢。父亲的一封信给自己敲响了警钟，父亲曾是四川雅安的一名狱警，在监狱工作几十年，见过不少高级干部成为阶下囚的残酷现实。看到儿子在部队当上了领导，老父亲心里高兴的同时，也增添了些许担忧。

回顾父亲对自己的教育培养，往事历历在目。八十多岁的老父亲身体也不太好，但每次休假回家，没过几天，老父亲就赶着他回部队："家里就是这个样子，看一眼就行了。你不能丢掉你的部队，丢掉你的岗位。"郭毅力每次回家都不敢穿着将军服，别人问起，他都谦虚地说："我只是一个当兵的，不是什么大领导。"

自他入伍开始，父亲就特别关注与西藏部队相关的一切新闻、事件。自从郭毅力当了总队长之后，父亲就常写信给他，还经常从报纸杂志上剪下一些落马贪官的相关新闻报道寄来。父亲曾对他说："你每次回家我都急着赶你走，不是爸爸不想你。我心里面也盼着你能像其他孩子一样每天陪着我和你妈，但我不能耽误你的工作。我们老两口的生活费已经够花了，不需要再寄钱了。我的风湿性关节炎也是老毛病，不要总牵挂着。只希望你不仅是我的好儿子，也是党和人民的好儿子。"

一次，郭毅力探亲，捎回家两袋大米、一桶清油。家人开玩笑地说："这些东西哪里都能买到，能不能给我们送点奖金呀？"郭毅力笑答："我当后勤部长的时候，一天常常有几千万从手上过，我可以给你送一次，不过恐怕有了一次就再没下次，因为只需要送一次，就能把我自己送进牢房。"父亲表扬说："有这个意识就对了！我们家出个将军是光宗耀祖的大好事，可我们家要是出个囚犯，那就把八辈子的人都丢完了。记住：宁可饿死，也绝不能贪国家一分钱，绝不能拿部下一根纱！"

老父亲的提醒和告诫，郭毅力都记在脑海，他小心翼翼地珍藏着老父亲的来信，一看到信，一股暖流就会涌上心头，仿佛也有警钟在隐隐作响，那后面，是父亲充满慈爱而又不乏犀利的眼神。

集中扫描灯下黑

2012 年夏日的一个晚上，郭毅力看完书准备睡觉，正在播放的电视剧《西游记》突然吸引了他。1986 年版的《西游记》郭毅力已经看过无数遍了，为何这次突然感兴趣呢？此时正播放的是玉兔精下凡作怪，欲与唐僧成亲的一集。孙悟空经过一场殊死搏斗之后，玉兔精终于被擒获，孙悟空欲举棒将其打死，却被嫦娥点化成兔后抱走。看完这集《西游记》，郭毅力不禁陷入深思中：在天国仙界，"灯下黑"也成了一大通病，又岂止嫦娥一人。在唐僧所经历的九九八十一难中，有很大一部分就是因为神仙的"灯下黑"造成的人为灾难。回到现实生活中，"灯下黑"有时不也存在吗？一些领导身边的人或以"二领导"自居，在传达领导意见时添油加醋，代领导发号施令……这些现象，直接损害了机关和领导的形象。

从此以后，郭毅力每次下部队都要留意查看各支队的"灯下黑"情况。一次，在一个支队营门出入登记册上，他发现，夜间出入营门的士兵，大多是领导身边的人，理由往往是为某某领导办事；在纠察登计本上，他看到，有警容不整、不请假外出等违纪行为的，也大多出自公勤人员。后来，他又让作勤参谋连续对其他三个支队三个月来的违纪情况进行统计，发现人员较少的公勤人员违纪率高于战斗班排。

回到总队之后，在大交班会上，郭毅力语重心长地对各支队主官说，机关公勤人员大多在重点岗位上，保密员熟知部队编制体制，仓库保管员掌管着重要军需物资，军械员常和枪弹打交道……如果对他们管理不严，一旦出现失控，给部队带来的损失将是非常巨大的，常言说："严是爱，松是害啊。"

郭毅力经常提醒、教育自己的"身边人"要廉洁自律，守纪奉公，警钟长鸣，防患于未然。他自己率先垂范，在各项制度执行过程中，坚持原则，一视同仁，他还亲自将身边的公务员、秘书排查了一遍。有空时，也去重要处室，调查有没有人打着自己的旗号乱下通知文件。一场"灯下黑"被集中扫描之后，部队管理更加严谨规范了。

自古为将廉生威

郭毅力常教导属下，"欲影正者端其表，欲下廉者先己

郭将军的喝水杯。

身，律己方能服人，身正方能带人，无私方能感人……"他自己首先就是这样做的。郭毅力特别喜欢"自古为将廉生威"这句名言，并把它抄录在笔记本里。他曾在述职述廉报告中说，"党员干部清正廉洁，要像喜马拉雅山上的雪莲一样，坚贞不屈，洁白无瑕。"

下面选取几个小故事，让大家走近郭毅力。

一盒特殊的茶叶

一天晚上，郭毅力正在看书，支队的一名干部提着一个包裹走到了首长办公区。郭毅力的秘书小马在办公室外拦住了他。那名干部跟小马解释：自己是找首长谈点工作的，谈完就走。小马请示了郭毅力后让他进去了。

那名干部一进办公室，就向郭毅力诉苦："首长，我这副团已经满了三年，我还想再进步进步，您看能不能……"说着就拿出一盒茶叶："我刚休假回来，这是家乡的茶叶，带来给您尝尝鲜！"郭毅力立刻明白了他的来意，摆了摆手："我明白你的意思，你把东西放这里你安心了，但我收下我不踏实了。你要相信组织，相信党委，回去吧，把工作干好比什么都强。""这……"那名副团职干部有些不知所措，但他还是不甘心，"一点茶叶也算不了什么，只是我的一点心意，首长还是尝尝吧。"说着把盒子往前推了推。"快给我拿回去!"郭毅力生气了,"只要有能力,谁我都会提拔,不要搞这些虚头巴脑的事,工作才是第一位的,回去吧!"说完不再搭理他,低着头看文件。那位干部有些尴尬,进退两难,于是说:"行,我先去上个厕所,一会儿我过来把它带走。"

十多分钟过去了,那名干部还是没来取走茶叶,郭毅力越想越不对劲,"这小子,还跟我玩起了把戏,这盒茶叶肯定有问题。"他叫来秘书,现场拆开才发现茶叶盒里哪有什么茶叶,这个特制的盒子里装的是整整 10 摞百元大钞,足足 10 万元呐!"这是什么意思?"郭毅力猛拍了一下桌子,他抬起头看着秘书马东俊,叮嘱道:"作为我身边的人,一定不要打着我的旗号给人办事,凡是来我这儿送礼、跑官要官的,一律不准进来!只要是副团职以上的领导来看我,一律不准带到家里去,要谈工作就到办公室。这是纪律,记住了吗?把茶叶盒赶紧送回去。"

小马一直追到这名副团职干部的单位才把"茶叶"送了回去,拿着送回来的"茶叶",那名干部有些沮丧地说:"看来这次提不了喽,礼没送出去,倒还给首长留下了坏印象!"但两个月后,经过组织的严密考察和民主推荐,该干部各项指标均考评为优等,他顺利晋升。后来,这名干部逢人就说:"咱们的郭司令员真是有度量,刚正不阿。在他面前,什么送礼不送礼,关系不关系的,能力才是唯一!"

送不出去的虫草

冬虫夏草，是西藏最贵重的礼物，可是宝也有送不出去的时候。转业干部姚忠明就碰到一桩事。儿子姚继志送到西藏当兵，在各方面，表现突出，符合提干条件。然而老姚依然不踏实，想起了自己的老领导郭毅力总队长。2008 年 7 月 26 日，姚忠明带着一斤虫草，敲响了总队长家的门。"哟，忠明，稀客，快请进。"正当郭毅力让他进屋时，发现了姚忠明手里的袋子，便说，"我只欢迎打空手的朋友，带着礼品就不要进我的家门。"姚忠明被搞得不知所措，只好把礼物放在大门外。

听完姚忠明的来意，郭毅力拿起电话给姚继志所在中队打了过去，当听说小姚干得挺不错时，他跟姚忠明说："回家等消息，我们一定按规定办。"回去的路上，姚忠明像泄了气的皮球，心想这下完了，东西没留下，事情肯定要泡汤。殊不知，由于姚继志表现突出，经过民主推荐，组织考核，顺利被提干。一个月后，姚忠明再次登门拜访，手中的虫草变成了两斤，但刚一进门他又被同样一句"带着礼品就不要进我的家门"阻挡在了门外，不得不再次把礼品放在了大门外。进了门。姚忠明刚说了几句感谢的话，就被郭毅力打断了，"你感谢的不应该是我个人，姚继志的成长，依靠的是组织培养和他自己的努力。"

年轻人要沉住气

武警西藏总队第二支队参谋长徐敬成给我们讲述了一个亲身经历的故事：

从军 19 年，我始终秉持勤勉工作，认真做事的准则，每次到了研究干部职务调整的时候，我都从未有过多余的想法和念头。但在 2013 年年初，我任拉萨市支队作训科长即将满三年时，有同事提醒我"正营以后的职务是金字塔，往上走岗位少、竞争人员多，不活动活动难以成事，要抓紧哦"。当时我不以为然，但最终还是没有压制住心里的想法，以前从没有过的慌张、浮躁和焦虑，顿时浮上心头。1 月 9 日，我再也沉不住气了，鼓起勇气到了总队机关，给郭司令员发短信，意思是想去看望一下首长。没过几分钟，郭司令员就回复信息，他告诉我不用去看他，干好工作就行。当时，我愣了半晌，不知道怎么办才好，怀着复杂的心情回到单位，一直没有理解首长这句话是什么意思。1 月 12 日晚上，我又一次来到了总队机关大院，冒昧地按响了司令员家的门铃，驾驶员小姜出来开门后，问明情况转身向首长报告，一分钟不到，小姜出来说，"首长让你回去，你的来意他明白，叫你不要多想，好好工作。"我又一次怀着忐忑不安的心情回到家，再次给司令员发短信，说明我此行的心境和愿望。没过多久，首长回复我六个字"年轻人沉住气"。

169

1月30日，在迎接自治区党委领导看望慰问布达拉宫广场执勤官兵时，郭司令员与我在纪念碑台阶处碰面握手，首长微笑着对我说："小徐啊，要立足岗位好好磨炼磨炼，年轻人要沉住气呀。"那一刻，当再次听到首长告诫我"年轻人要沉住气"这六个字时，我深深体会到了这句话的分量，也更加感受到了首长寄予我的期待和厚望。自那之后，我再也没有多想，保持一颗平常心，继续以饱满的热情全身心投入工作中。4月25日，当组织宣布我升任第二支队参谋长的命令时，我思绪万千，没有想到一切来得那么快，来得那么突然；没有想到组织会把我放在这么重要的岗位上。"年轻人要沉住气"使我更加深刻体会到了首长公正无私的高尚情操，以及对年轻干部关心爱护的培养之情，这份情、这份爱，我将永远铭记，永生难忘。

精品背后是品格

2008年春天，随着一场民族分裂闹剧的谢幕，武警西藏总队翻开发展史上重要的一页，总队增编抽组几千人，新增第一支队，拉萨支队、昌都支队、日喀则支队升级为旅级单位。一时间，无论人员数量、装备设施，还是战斗能力，都达到了高峰。新增部队营房建设、老营区改建、小营区扩建随之而来，而且12亿元的建设资金很快到位。庞大的建设资金犹如唐僧肉，113 家建筑公司闻讯而来，都想将工程揽入自己的怀中。"这既是一项解困工程，又是一项暖心工程，但这里有一个总体要求：经费不超支、人员不倒下、质量有保证、工期不拖延。"郭毅力在营房建设分析会上，提出了 20 字要求，表明了鲜明的态度。

第一轮资格论证后，23 家建筑公司失去了投标资格。自作聪明的老板打算用商场惯用伎俩，用金钱撬开郭毅力家的大门，但一次次被拒之门外。

四川老家的建筑商听到消息，便托郭毅力的弟弟出面揽工程。弟弟深知哥哥的脾气，便悄悄找到时任后勤部部长的冯家海，想瞒着哥哥揽下部分工程。郭毅力知道此事后，把弟弟叫到家里，狠狠尅了一顿："你又不懂工程，揽这个干啥，你要拿了人家的好处，他们还不是在官兵住房上抠出来，这损害官兵利益又害自己的事，你不要干。"一席话说得弟弟点头称是。随后，郭毅力担心自己的亲朋借机揽活，其他党委成员碍于情面难处理，就专门找到了冯家海说："我的家人，无论是谁，无论提出任何条件，都不能将工程拿给他们，如果这样，不但是对我个人不负责任，更是对组织和官兵不负责任。"

郭毅力坚决而鲜明的态度，不但显示出了他的人格魅力，同时也为其他党委成员树立了一面自律旗帜。招投标开始前，郭毅力为了做到心中有数，对有资质的建筑公司再次论证，并把保证金提高了 4 倍，看着近乎苛刻的条件，不少公司老板到处托关系、打招呼，他丝毫没有动摇原则、降低标准。郭毅力告诉党委班子成员："提高保证金，就是要考察公司的实力与底气，看看他们到底有没有质量保证，有没有信誉，同时也为避免劳资纠纷提供了保证。"一家家建筑公司中标，郭毅力没有加入任何私人情感；一座座新营房拔地而起，没有任何质量问题；一张张笑脸入住营房，他的心里一次次地觉得敞亮。在武警部队三项建设评比中，武警西藏总队因此获得了综合整治第一名。如今五年过去了，12 个亿的工程没有任何质量问题，个个成了营房建设的精品，成了总队营房建设史上的丰碑，也成了郭毅力优秀品格的真实写照。

坚决不能搞特殊

郭毅力位高权重，但他始终对自己、对家人、对身边的工作人员严格要求，绝不允许搞特殊，更不允许打着他的旗号办私事。

郭毅力的姨家表弟想当兵，可岁数超了几个月，找到郭毅力帮忙，按郭毅力在老家的影响，也就是一个电话就能解决的事，但他一句话回绝了："当兵找地方武装部，我这儿管不着。"结果表弟的兵没有当成。

还有一个发生在郭毅力亲属身上的类似故事：

那一年，刚穿上军装的外甥心想，舅舅那么大的官，去"他的部队"服役肯定能得到特殊关照。于是，外甥找到西藏总队接兵干部，检验了一下打着郭毅力旗号办事的效果。事实证明，这个旗号一打出来相当管用，接兵干部立即帮他办妥了调到西藏总队的相关手续。到了西藏，新训结束，外甥果然得到了舅舅的"特殊关照"。"你能打着我的旗号调来总队，说明还有点本事。有本事的人，应该到最艰苦的地方好好锻炼，增长更大的本事，这样今后才有发展。"郭毅力一句话，就把外甥"扔"到了远离拉萨 1800 多公里的阿里支队。阿里地区号称"世界屋脊的屋脊"，条件之艰苦自然不言而喻。这让外甥相当受不了：既受不了自然条件之苦，也受不了部队严格管理之苦。受不了咋整？外甥自有办法，那就是"抗争"，同中队干部抗争、同条令条例抗争。于是，训练就偷懒、劳动就溜号，还私自外出，成了中队的"重点人"。到阿里支队检查指导工作时，郭毅力了解到这一情况，不由得又气又急。但他没有发火——外甥也是战士，做战士思想工作靠发火绝对不行。郭毅力耐着性子同外甥认真谈了三个多小时，希望外甥"改掉坏毛病，当个好战士"。这次谈心效果非常明显，外甥痛改前非、洗心革面地当了半年

"好战士"。但是，半年后，外甥的老毛病又犯了。不仅犯病，而且相当严重：私自外出频率越来越高，甚至在私自外出期间同地方青年"比武过招"，严重违反纪律，更严重的是，上哨时间擅离职守，到酒吧"享受人生"。虽未造成严重后果，但影响极为恶劣。"首长，我没把兵带好，甘愿接受组织处理。"阿里支队领导打电话汇报该情况时，先自我检讨，然后小心翼翼地请示，"怎么解决呢？可否给他换个单位？我的意见是，最好调到驻拉萨部队，这样首长您可以随时敲打一下……"郭毅力打断支队领导的话，毫无商量、毫无余地地说："这事儿你不要问我，去问条令，条令咋规定的就咋处理！不要因为是谁的亲戚，就搞法外开恩。即便是我郭毅力本人犯错，也必须承担相应后果，这一点绝不能含糊！"很快，对外甥的处理决定下来了：除名，押送回家！外甥被押送回家当天，父亲就打来了电话。父亲在电话里颤抖着声音，让远隔几千公里的郭毅力都明显感觉到了父亲上下牙齿的剧烈叩击，"你可以不帮他，但你咋能让他们把娃儿处理得这么重呢？你呢，一讲原则就连最起码的亲情都不讲，这恐怕有点过了吧？也许，你的做法是对的，但娃儿毕竟是你外甥啊，我看你今后咋个面对你姐姐。反正，我不好意思见他们……"此后两个多月，姐姐拒接郭毅力的电话。无奈，郭毅力只得接连写了好几封信，才赢得了姐姐的谅解。

郭毅力对亲人如此"无情",对身边人也很"无义"。

"他在别人眼里是大官、是将军,可是我们觉得,他只是一个普通的老兵。"司机姜成龙从 2007 年开始,就给郭毅力开车,两人感情很深。2012 年,小姜体检,发现食道里增生,郭毅力得知后,专程帮他联系到成都大医院检查,结果虚惊一场。那年,小姜要结婚了,郭毅力虽然不让他在拉萨办酒,可是却自己掏了 5000 块钱,嘱咐他在山东老家好好庆贺一下。回到拉萨,小姜想请他吃饭,郭毅力却一次也没有同意。当时,钟玲还没有来拉萨照顾郭毅力,郭毅力和姜成龙两个人煮一锅方便面,一人一半分着吃。

2008 年,武警总部分给西藏总队 20 多个提干名额,姜成龙有 5 个三等功,按道理早就符合提干的条件,他心里也计划着,将就读的学校都提前选好了。可是有一天,郭毅力在车上却对他说,"小姜,不要恨我,对不起,提干的事,咱们以后就不要提了。"原来,提干指标本来就紧张,郭毅力为了能让作战一线的官兵们多几个提干名额,将指标一律给了基层部队,总队机关一个也没有留。那年,小姜已经 25 岁了,这是他最后一次提干的机会。

郭毅力处处做模范,处处做表率,更不允许在自己身上搞特殊、吃小灶。

郭毅力下部队从不住地方宾馆,任总队主官以来,他跑遍了所有中队,全都住在中队接待室。2012 年冬天,郭毅力到阿里支队检查工作，支队领导发现接待室的厕所冻住了不能用，就在地方宾馆为他订了个房间，郭毅力一听就不高兴了："退了，晚上去露天旱厕。"支队无奈只好把房间退掉了。

2012年7月10日，郭毅力来到波密县中队。正好赶上中队午饭时间，郭毅力走进食堂，看到摆在自己面前的有十几个菜，但战士们只有六个菜。他问道："为什么我们有十几个菜，而战士只有六菜一汤？""报告首长，我们这里偏远，首长来一次不容易，今天专门为首长多加了几个菜，感谢首长对基层中队的关心和厚爱，表达一下我们基层官兵的心意。"中队长余跃勇高兴地回答。"感谢大家这份心意，把这些菜都分给战士们吃吧，以后不要搞这种名堂了。"郭毅力有点生气地说。说完，他拿起碗，挑了一碗面条吃了起来。

郭毅力经常说："我是司令员，就要站排头做表率，给官兵们树好形象。"针对一些干部下基层要车接车送，上飞机要走贵宾通道的现象，他常常批评说："我们军队干部要有个军人的样子，要时刻想着自己的军人身份，不要因为走上了领导岗位就搞特殊，让人民群众对咱们有意见。"

2013年6月的一个傍晚，郭毅力刚结束了公安厅的一个会，此时，时钟已经指向了19：20分，直到现在，他还没有吃饭呢。这时，秘书汇报说自治区电话通知20分钟后，有个会议需要参加。郭毅力突然想起有个文件落在家里了，得先回去取才能去开会。这怎么办？看着门外熙熙攘攘的车流，他心里犯了愁。驾驶员姜成龙说："首长，上车吧，我有办法。""你有办法？""嗯。"郭毅力将信将疑地上了车。

姜成龙熟练地系好安全带，扭过头一笑说，"首长，您坐好喽，我保证让您在 20 分钟内坐到会场去。"他调了调座位，突然油门一轰，车子像匹受惊的野马一样蹿了出去。路面上车子很多，这时，正是饭点，一辆辆车塞满了马路。姜成龙的车子在路面上左冲右突，他一路鸣笛，前面的车子一看是部队一号车，都纷纷避让。姜成龙有些自鸣得意，短短几分钟，车子已经走了很长一段路。想不到郭毅力这时却命令他把车子停到一边，他批评姜成龙说："不要跟老百姓争道，军车要有个军车的样，尤其是一号车，更要做遵章守纪的模范！"姜成龙有些委屈，首长还饿着肚子，自治区还有重要会议，即便跟老百姓抢了道，也不算个啥，毕竟是有公务。更何况，近六年来，他开的一号车从来没有违过规。可就这一次，自己为了工作还挨了训，姜成龙多少有些委屈。

郭毅力继续说："咱们是一号车，它就代表着我郭毅力的形象，我作为司令员都带头违规的话，老百姓会怎么看我们这支部队？官兵们会怎么看我这个司令员？小姜啊，不管什么时候都要记住，我们是军人，是很普通很普通的军人，一定不要忘了军人的身份，在任何情况下都要遵纪守法，起模范作用。"

艰苦朴素不忘本

郭毅力的妻子钟玲告诉我们——

无论是在生活上，还是工作中，老郭时刻牢记艰苦朴素的优良作风。他常说："穿得旧一点没有关系，只要看着干

"我就穿国产的，经济实惠。"

——郭毅力

"穿得旧点没关系，只要看着干净整洁就可以了。"
——郭毅力

净整洁就可以了；吃得简单一点也没有关系，只要营养够就行；住得简陋一点没有关系，只要干干净净就舒心。"

在我的记忆里，老郭有两套经常穿的便装，一套西服，一套运动服。西服是他自己买的，那是在 2000 年 1 月，刚任参谋长不久，他告诉我说因工作需要社会活动频繁起来，需要一套西服。当时我们两个都有工资，老郭也走上总队领导的岗位，买一套好一点的衣服也正常，便向他推荐了几个比较有名的牌子。他告诉我说："国外的衣服卖的是个牌子，动不动就几千块，我就穿国产的，经济实惠。"他花了 300 多元钱买了一套深蓝色的套服，当时我埋怨说："现在都什么年代了，穿名牌衣服的人比比皆是，一个高级干部，穿得那么寒酸，会让人看不起。"老郭告诉我说自己的身份不同了，不能只要求下属勤俭节约，自己铺张浪费，不然会坏了部队的风气，穿得便宜点、衣服旧一点没有关系，丢掉了艰苦朴素的作风才叫难看。那件衣服老郭一穿就是十几年，仍不舍得丢。去世前老郭要去内蒙古参加一个军事集训，路过成都他回到家里，套服叠得整整齐齐放在行李箱里，虽然我打心眼里佩服他，但是作为妻子更加心疼他，我实在看不下去，就再次提议给他买一套新的，哪怕是300元一套的，好歹是新的啊。我对老郭说："现在的经济条件不是太差，你不吸烟不喝酒，穿一件稍微好点的衣服也不为过！"老郭却说："我都快60岁的人了，没有必要穿那些，只要有一件穿的就行了。"我打算等他从内蒙古回来，说什么也要去买一套新西服，没有想到即使这样一个简单的愿望，如今再也实现不了了。

郭毅力在西藏一待就是38年，这期间他很少回家，即使探亲回家也待不了几天。

　　老郭的另外一套衣服是运动服。他在西藏一待就是 38 年，38 年来他很少回家，即使探亲回家也待不了几天，总是说部队上的很多事等着他去处理，早晚都得干。在高原待过的人，身体或多或少都有疾患，老郭也不例外，而且比其他人还要严重，尤其是近几年，心脏病、痛风等病症常常让他夜不能寐，我就劝老郭要学会善待自己，该休息的时候就不要再去加班了。他总是说："还有几年就退休了，到时候再好好休息一下。"老郭只能依靠平时多锻炼身体，抵抗病痛。于是，我给他买了一套阿迪达斯运动服。老郭批评我说："这么多年了，还是不了解我，有件衣服就行了，为啥非要买这么贵的。"当时我觉得很委屈，天下哪有妻子不疼爱丈夫的，又怎么能看着丈夫委屈自己，再说现在这件衣服并不稀奇，也不算贵，关心还关心错了。老郭让我把所有的商标都剪掉才答应穿，他说让别人看见不好，自己这个年纪不像年轻人爱炫耀。

　　在我的记忆里，老郭对吃饭这样简单的事情都有一个标准，每顿两素一荤一汤。记得刚结婚的时候，为了让老郭吃得好一点，我还专门学了厨艺。有一次他过生日，我准备了一桌子菜，都是他喜欢吃的，早早地等着他回家，他进门后并没有我想要的惊喜，饭后我问他是不是有什么心事，老郭告诉我说："饭吃得简单没关系，只要营养搭配合理就可以了，一桌子菜吃不完，浪费了很可惜，无论是一个家庭还是一个单位，只有精打细算，才能把日子过好。"从此以后，只要老郭在家，我们吃饭的标准一定是两素一荤一汤，从不例外。有些人听说了我们吃饭的情况，开玩笑说是"不会享受生活"，也有人说我们"抠门"，但是这些年和老郭相濡以沫地生活，我深知老郭之所以努力做好生活中的每一个细节，是怕生活中不小心丢掉了艰苦朴素这个优良传统。后来老郭开始牙疼，我把很多菜炖在一起，老郭和着饭一起吃。我担心他的营养跟不上，计划买些营养品，他却坚决反对，老郭说营养都在五谷杂粮中，即使买了营养品，大部分时间不是在基层检查工作，就是忙着加班开会，没有精力也没有时间去吃，这些钱多用在父母身上吧，我常年不在他们身边，也算尽点孝心。

这些我都能理解，但有时候还是忍不住发火。我们家住在成都一个普通的小区里，房子也普普通通。我心想房子小点没什么，可以装修得好点，但是老郭并不这样认为，他说，房子能住就可以了，打扫得干干净净比豪华装修住着都舒心。其实，我们家的房子已经装修很多年了，现在的家具，有些还是我们结婚时添置的，修修补补一直在用，我们家的亲戚朋友都说老郭就是一个劳碌命，不懂得享受生活，即使周围的邻居，也认为老郭在外就是一个打工者。但是，他们哪里知道，老郭是怕安逸的生活方式，使他变得懒散，消磨了进取的意志。

在西藏待久了，老郭的痛风尤为严重，全身疼痛，手指都伸不直，而且出现了结晶。他去世的前两天，我劝他到医院对身体做一次全面检查，他说还要参加总部的一个会议，抓两副中药发发汗就可以。药抓回来后，我准备熬药时，他却说没有时间，忙完事情回西藏再熬也不迟，但那两副中药，老郭再也没有机会喝上一口了……

郭毅力总队长在第一支队进行手枪射击训练。

摄影：杜维伟

白

质本洁来还洁去

白色，象征着纯洁与高尚，象征着生命离开后灵魂的绽放。郭毅力就像盛开在珠穆朗玛冰峰上的雪莲，花瓣可以零落，但精神永不磨灭。飘飞的云朵，翱翔的雄鹰，高原上的罡风，怒放的格桑花，都在传扬着郭毅力的名字，将他的故事传遍大江南北……

生命的最后时刻

钟玲回忆了郭毅力从心脏病发到去世前后的经过——

老郭病发前没有任何征兆，他每天习惯很早起床锻炼身体，还自发创造了一种锻炼身体的方法：他有痛风，又一直待在西藏，所以痛风也就一直没停过，现在手指（小指）都变形了，敬礼都能看出来。他身上不是手肿就是脚踝肿，由于多出汗可以缓解痛风病痛，所以在西藏的整个夏天，他都穿着只有冬天才穿的带毛的秋衣秋裤和夹克衫、羽绒服，在营区或拉萨河边散步出汗。在外面散步时，由于着装与时节不符，他经常遭到别人异样的眼光，但他从来不在乎，他说："不管别人怎么看我，只要我自己把身体锻炼舒服就行了。"他回家有时还做俯卧撑强化锻炼。

老郭病发那天早晨，起床时也没见有什么不良反应。他每天都起来很早，因为在内地，他回到成都的当天就通知办事处第二天要去上班，我劝他先别急着去上班，回来一次很不容易，可以先调整两天，到医院去检查检查身体。但他却硬要坚持从内蒙古回来后再去检查，说现在很多事情都要等着他去处理，如果现在不去处理，以后也还要处理的。7月6日（星期六），他晚上接到去内蒙古开会的通知时还在担

187

心能不能去得成，因为上次总部的党委书记联席会议他都没去成，随后就是几个战备，后来我建议他还是去跟自治区党委陈书记请示一下，万一书记同意了，他就可以借此到内地稍稍调养一下身体了。

老郭一直都在带病超负荷工作，6号晚上他给陈书记打电话汇报了工作，说了去内蒙古开会的事，陈书记同意了，当时他很高兴。第二天（7号）仍然很早起床锻炼身体，之后还给司政后开了会。我们是12点50分飞成都的飞机，他开会一直开到了11点45才回家，直到上车时，他还在给其他人安排工作的事情。回到成都的第二天（8号）上午，他参加了一个天津的电视电话会议，下午才抽空去开了两副中药……老郭回成都的第三天（9号，星期二）也是照常在上班，他去世那天（10号）原计划叫办事处8点半去接他。那天他是6点多起的床，起床后就坐在外面看许耀元政委的讲话。大概是7点多一点，老郭就喊我，说心脏难受得很，我赶紧把硝酸甘油给他吃上，紧接着就打120、通知办事处。电话里医生叫我先给他按压心脏，随后120救护人员就到了，但最终还是没能把老郭抢救过来。按照120救护人员的说法，老郭应该是在他们到达时就测不出生命体征了。他们给老郭打了10针强心剂，同时还按压心脏、做人工呼吸，最后川医的心脏病专家也来了，他以前也给老郭看过病，对我说，像郭司令这种病情突然发作的，抢救的黄金时间只有 4 分钟，最终还是没能把老郭抢救回来。从我拿药给他吃的这段时间，他就只说了一句话："我在西藏工作了一辈子，这一次恐怕不行了！"然后就处于昏迷状态了。

2013 年 7 月 10 日 9 时 30 分，郭毅力走了，生命永远定格在了 56 岁。

草木含悲，山河呜咽。

将星陨落，国失栋梁。

苍天啊，你好无情，还有那么多宏伟的蓝图尚在规划，还有那么多伟大的设想等待实施，你却把他带走了。苍天

草木含悲，山河呜咽。将星陨落，国失栋梁。

啊，他太累了，你是想让他闭上双眼，好好地歇一歇吗？但那双睿智的眼睛闭上了，却再也不能睁开……

郭将军一路走好！

郭将军一路走好

郭毅力去世后，他的遗体在成都殡仪馆摆放了三天。三天里，从四川，从西藏，从北京，从四面八方前来吊唁的人络绎不绝。三天里，灵堂里没有哀乐，只有郭毅力生前创作的歌曲《踏雪有痕》在回响——

报国热情激活绿色梦想

携笔执戈任墨香弥漫大漠校场

铁骑走边关，持枪逐苍凉

三横两竖磨砺男儿刚强

寻辙定方位，捧雪咽干粮

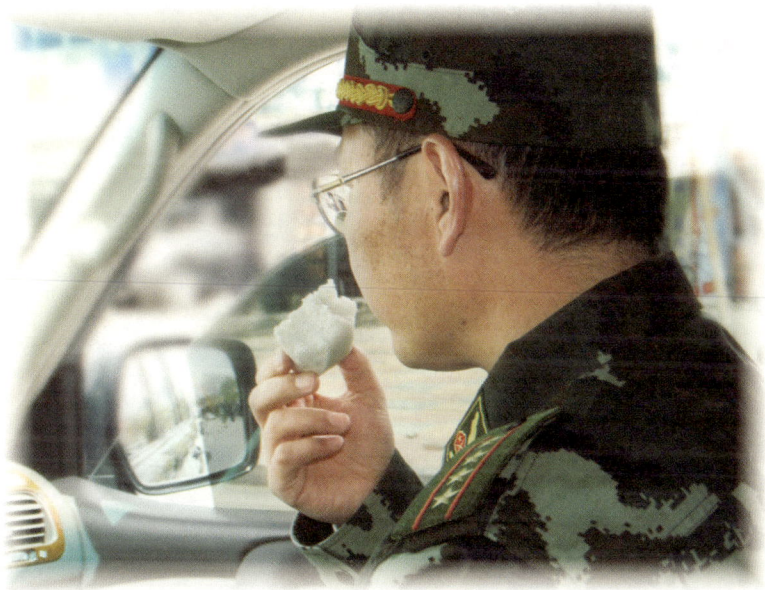

吃冰雪，啃干粮，穿越无人区。

裂唇凝紫血，秉烛话家常

雪峰俏，冰河长

赤脚踏歌浣衣忙

飞鸿滞，寒透墙

朔风且作丝弦响

吼一声最近最近的蓝天

我挺立在高高的雪山顶上

喊一声最爱最爱的祖国

我用青春呵护你的茫茫域疆

步履铿锵解读天路漫长

铁肩担道有我辈驰骋万里疆场

关山铸铁骨，营盘写诗行

直线方块挺立时代脊梁

乌云半遮山，西风助波浪

枕戈待旦时，残雪映夕阳

黄沙舞，石雨降

胸有成竹布阵忙

弹指间，流寇荡

硝烟拂去旌旗扬

吼一声最近最近的蓝天

我挺立在高高的雪山顶上

喊一声最爱最爱的祖国

我用生命守护你的和谐安康

……

7月14日清晨，钟玲和郭琦等亲人护送着郭毅力的骨

"生不能回西藏，死了就让他安息在西藏的土地上吧。"

——钟　玲

灰返回拉萨，"生不能回西藏，死了就让他安息在西藏的土地上吧。"

也是在同一天，拉萨郊区卡优村附近9个村寨的藏民们，像送别亲人一般，自发到村支书家，收看西藏卫视郭毅力逝世的新闻。夜空中一轮清冷的明月，藏民们手中的哈达映照出一片银白、圣洁的光。人群中一个藏族妇女突然站起来，跑到电视机前失声痛哭，将哈达高高举过头顶，"恩人……你怎么就这么走了。"这位叫阿珍的妇女已经哭得声音嘶哑。正是在郭毅力的努力下，武警西藏总队为卡优村建了乡村诊所；正是在郭毅力的关心下，阿珍去总队医院做了

郭毅力同志追悼会。

胆结石手术。现在，恩人走了，怎不叫人伤心欲绝……

7月16日上午，郭毅力同志告别仪式在拉萨举行。中国西藏新闻网做了全面报道——

拉萨7月16日讯（石磊　肖涛）中国共产党的优秀党员，忠诚的共产主义战士，党和人民的忠诚卫士，优秀的军事指挥员，中国人民武装警察部队西藏自治区总队司令员郭毅力同志告别仪式今天上午在拉萨举行。

郭毅力同志因突发心脏病，经全力抢救无效，于2013年7月10日9时30分不幸因公殉职，终年56岁。

郭毅力同志逝世后，习近平、李克强、俞正声、张高丽、许其亮、范长龙、孟建柱、胡春华、栗战书、郭金龙、向巴平措、郭声琨、帕巴拉·格列朗杰、张庆黎、热地、陈奎元、张阳等领导同志以不同方式对郭毅力同志逝世表示哀悼，并对其家属表示慰问。

中央统战部、公安部、民政部、共青团中央等中央有关部委，解放军总政治部、成都军区、第二炮兵、武警部队，武警部队各总队、机动师、指挥部、院校和警种部队，纷纷发来唁电唁函表达对郭毅力同志的深切哀悼，并送花圈。

16日上午，武警西藏总队礼堂庄严肃穆，哀乐低回。礼堂上方悬挂着黑底白字"沉痛悼念郭毅力同志"的横幅，横幅下方是郭毅力同志的遗像。郭毅力同志的骨灰安放在主席台正中，上面覆盖着鲜红的中国共产党党旗。

在告别仪式上。

一双双噙满泪水的眼睛。

上午 10 时许，告别仪式正式开始。自治区党委书记陈全国同志主持仪式。全场肃立，向郭毅力同志默哀。武警部队司令员王建平介绍了郭毅力同志生平。全场向郭毅力同志三鞠躬。

随后，陈全国、王建平、帕巴拉·格列朗杰、热地、白玛赤林、洛桑江村、邓小刚、刁国新、巴桑、金书波、董云虎、梁田庚、丁业现、王瑞连等缓步来到郭毅力同志遗像前肃立默哀，向郭毅力同志遗像敬献哈达、三鞠躬，作最后送别，并与郭毅力同志的亲属一一握手，表示慰问。

参加告别仪式的还有：自治区党委、人大、政府、政协、西藏军区、武警西藏总队、西藏公安边防总队、西藏公安消防总队其他省军级领导同志，部分在拉萨的离退休省级领导同志，武警部队工作组的领导同志。

吴英杰、公保扎西、齐扎拉、罗布顿珠、多托等自治区领导对郭毅力同志逝世表示哀悼，向其亲属表示慰问，并送来花圈。

以不同方式表示哀悼的还有：杜金才、许耀元、李立国、杨传堂、张裔炯、郝鹏、秦宜智、肖怀远、杨松、王宾宜、崔玉英、尹德明、宫蒲光、李昭、牟玉昌、徐明阳、十一世班禅额尔德尼·确吉杰布、江村罗布、列确以及解放军总政治部、武警部队、成都军区、济南军区、广州军区、第二炮兵、军事科学院、解放军军事检察院、四川省军区、青海省军区，武警部队各总队、机动师、指挥部、院校和警种部队领导同志。

郭毅力同志的家属、亲友、家乡地方领导同志；拉萨市委、市政府有关负责同志；区（中）直单位党政主要负责同志；政法维稳系统干部职工；驻拉萨的各警种部队负责同志；驻藏人民解放军和武警边防、消防、警卫、森林部队官兵代表，武警西藏总队机关全体干部，社会各族各界群众代表也前往送别。

在告别仪式上，有一个镜头永远令人难忘，参加吊唁的武警西藏总队 9 名常委，都穿上了刚拆封的崭新警服。他们说，郭司令为官做人干干净净，我们也要穿得干干净净为他送行。

心香瓣瓣怀将军

　　郭毅力去世后，武警西藏总队广大官兵眼含热泪，写下一段段优美感人的文字，表达着对郭毅力将军的敬仰、爱戴和悼念之情（排列不分先后）——

　　士兵到将军，雪域献此身。爱属胜兄弟，育才沥胆心。明辨多方略，笃行善治军。维稳惩强暴，团结利国民。智勇堪萧韩，功业媲管尹。华年抛我去，断肠祭英魂！

——退休干部、原总队副政治委员　刘成俊

　　一十八年天府沃土积淀／三十八载高天厚土透支／鞠躬尽瘁／军旅足迹踏遍西藏大地／将军英名早成传奇／死而后已／噩耗传来珠峰低头雪山流泪／三百六十多万西藏人民同悲同泣／雪域大地和谐稳定是你的牵挂／高原人民幸福安康是你的夙愿／你疲惫的身心早该好好休息／放心吧／高原卫士将踏着你的足迹／向着西藏梦的方向共展旌旗。

——区域训练基地主任　郭小列

"我们要穿得干干净净为郭将军送行。"

风云突变，天地黯然，神伤失色，泪飞潸潸。惊噩讯之乍临兮，恨天道之无情；叹生命之脆弱兮，哀生者之不幸。军旅三十余载，根植高原；享年五十有六，壮士扼腕。下笔而涕零兮，泪洒砚池；追忆而历历兮，音容宛然。谋发展呕心沥血，雪域深留足迹；保稳定从容指挥，藏地永存功业。官兵齐歌哭，天愁云泣；军旗亦垂泪，凝然不翻。一灵既去矣，万众悲戚；吾侪惋恸也，长夜难眠。再长揖而拜离兮，浩气长存；化悲痛为力量兮，续竟遗愿。革命未成功兮，努力奋斗；建设吾总队兮，大步向前。

——区域训练基地政治委员　朗　杰

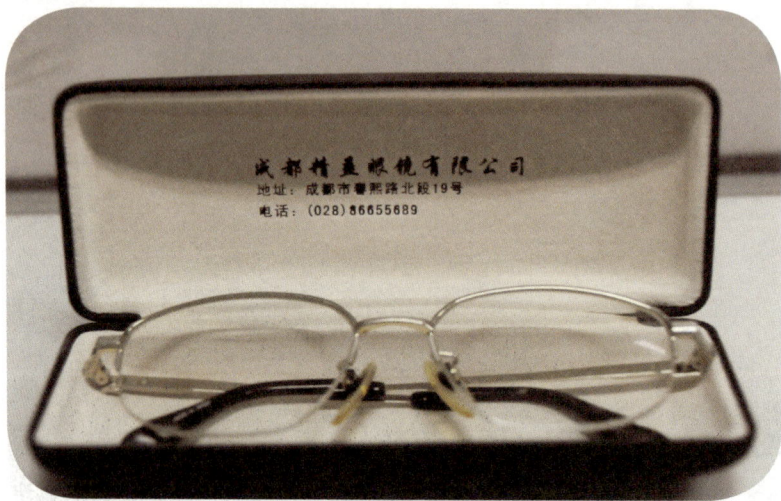

郭毅力将军一直使用的眼镜

如果，您生命的终点没有定格在 7 月 10 日，我想我们还会坐在您的身旁，紧握着您的双手倾诉对您的敬重和思念；如果，天上的您看到我们泪水潸然，我想您会露出微笑劝慰我们说：别不舍，我会祝福你们，祝福西藏，祝福我们伟大的祖国伟大的党；如果，时光会倒流，我想您依然会选择戍边卫国，义无反顾、不畏艰辛地扎根西藏。如果，您不曾倒下，我想您依然会亲切地拍着我们的肩说："小同志，好样的！加油！"如果，大爱是一座丰碑，我想您的丰功伟绩已化作涓涓细流，浇灌着这一方您眷恋和热爱的土地；如果，用一种感恩的心向您祝愿，我想天堂绽放在您身边的格桑花必定灿烂如歌；如果，有一种铭记叫做永远，我想您慈祥的目光无时无刻不在天际闪烁；如果，您能感知到我们深切的缅怀，我想，您会一路走得幸福、安详。

——区域训练基地藏语翻译　邹平云

雨色空漾黯伤心，高原痛失一将军。天道无情成追忆，捶胸顿足恨无穷。师生深情永难忘，谆谆教导指迷津。建校改革谋发展，亲力亲为不辞辛。壮志未酬身先死，英魂无觅问白云。

——区域训练基地　李建云

他毅然挺进西藏，为保祖国安宁，报国为民义无反顾。他凭着一股盛气和责任，把青春年华奉献给这片无边苍凉雄伟的土地。他一个庄严的敬礼，激荡着雪域，撼动了高原。他一句句铿锵苍劲的问候，一次次义不容辞的融入是爱之深切，尽显军人的壮志豪情。他怀着一颗赤子之心，与雪山草原融在了一起。在这辽阔土地上，有他挥洒的热血，皑皑雪域的高原上，有他坚守的信念。他与祖国有契约义务，那就是勇往直前报国为民无私奉献！

——区域训练基地警勤中队　李林生

这一天，高原警营沉寂，珠穆朗玛峰的大雪覆盖了那个名字，我感到了彻骨的寒凉，这是炎热夏天里最寒冷的一天。

201

天堂之路是如此漫长……老郭，你要一路走好啊！

——郭毅力的妻子　钟　玲

这一天，雅鲁藏布江怒吼了，拉萨河没有了往日的平静，敬爱的司令员远远地去了，高原的武警官兵都哭了。

这一天，我的眼泪在眼眶里打滚，雪域高原一片空茫，时间慢了下来，思绪停留在这一刻，一位老者对我说："天堂又多了一轮明月，依然照我们前行。"

——区域训练基地教研室　郭灯煌

一座伟岸的丰碑树起了／一个疲惫的身影离开了／噩耗惊悉／悲切与刺痛让心中最柔软的地方千百次抽搐／我们想念您／尊敬的司令员／想念高原驼铃的回响／想念雪域苍鹰

的轨迹 / 想念您亲切的声音 / 滴滴为怀已成铭心追念 / 随风散去是您尘世的躯体 / 留在我们心间的 / 是您高洁的灵魂 / 和那曾经的谆谆教诲。

——区域训练基地作战勤务室　齐云伟

（一）

噩耗乍闻怵然惊，长天无言雨纷纷。莫道未酬凌云志，战鼓盈空迎将军。

（二）

天阴雨湿云低回，长歌当哭英魂归。丹心一片谋发展，浩气冉冉日边来。

郭将军的戎装。

郭毅力将军的作训服。

（三）

鬓染霜白不自哀，尚思雪域戍边陲。天不假时莫奈何，蜀中武侯亦泪飞。

——区域训练基地办公室　张文瑾

当教诲话语萦绕耳旁 / 当往日目光停留脸庞 / 洗礼懦弱结晶坚强 / 滋润着一副肝胆衷肠 / 没有挥手的诀别 / 我的眼泪隐藏在何方 // 当雪域高原长出绿色梦想 / 当世界之巅汗透一身戎装 / 除却风尘折射出阳光 / 照耀着一双铁肩担当 / 没有道别的诀别 / 我的眼泪应该隐藏何方 // 展开你劳碌的脚下 / 血汗镶嵌的足迹延伸你前方的道路上 / 一生未酬的壮志将

我的眼泪收藏／没有时间的诀别／无畏的豪气伴着雪域的号角在泪之外引航／没有尽头的决别／无疆的大爱化作奔腾的铁蹄在泪之外翱翔。

——政治部新闻站干事　王成磊

将军忽逝，心如刀绞；擎天之柱，轰然倒塌；追思之泪，倾泻而出。忆往昔，潮起云涌。夺底山沟，开墟平坡，带众学子，破点迷津；哲蚌寺旁，统万雄师，运筹自如，力挽狂澜；达东山下，躬亲历为，指点江山，描绘蓝图；雪域疆土，遍布足迹，鞠躬尽瘁，累卧沙场。恩情谊，情难自禁。灵魂之师，促膝长谈，情如兄长，浓浓爱意，爱如父母，视兵如子。想征途，热血沸腾，融心融血，拼出西藏第一个军校；尽心尽责，赢来西藏的安全稳定。一切恍如昨日，只愿睡梦一场，难信此刻此时，只盼送上一程！笔墨之处，历历在目，事难忘，情难抛，心如割，纵有千言难写尽，胸有万语祝将军汇成青山，化作白云，融入大海。老校长、老首长，您走好！

——区域训练基地95级学员　徐　波

站在雪山巅，手擎红旗展，建设武警现代化，维稳铸利剑。不幸辞人世，三军俱缟素，三十八年转瞬间，苍天妒英才。生前身后名，只待后人传，一生戎马无暇日，兵心念容颜。将军或士兵，高原都一般，高寒缺氧倍煎熬，倒下也奉献。官兵泪如雨，长空将星垂，三十功名尘与土，戍边人未归。热血洒雪域，魂归第三极，八千里路云和月，依旧照边陲。

——阿里支队日土县中队　张蛟龙

守卫雪域高原38载，将军与雪结缘、为雪而搏，最终以雪一样轻盈的姿势飘然远去，以雪一样执着的姿态洁白了高原、美丽了河山。"欲将轻骑逐，大雪满弓刀。"遥望布达拉宫背后那群白雪覆盖的山巅，我仿佛看见，将军横刀立马、弯弓搭箭，正待射破遮蔽蓝天祥云那一小片阴霾；我仿佛听见，将军正气势壮如虹、口令响如雷："全总队官兵听令：聚精会神，全力以赴——向现代化武警进军！首战用我，用我必胜！"雄鹰折翼，将军远走。逝者已矣、生者如斯。

——转业干部、政治部宣传处原处长　郑　勇

精神永励后来人

郭毅力走了，但他的感人事迹和崇高精神将永远激励着

后来人。一个郭毅力倒下了，将有更多的郭毅力站起来，为祖国的富强，为边疆的稳定，为民族的团结，为社会的和谐，继续奋斗不息、奋斗不止。

2014 年 2 月 18 日，为了让大家更加全面了解、感受郭毅力将军的伟大与崇高、无私与高尚，郭毅力先进事迹报告会在西藏人民大会堂举行，来自武警西藏总队、西藏自治区、拉萨市的干部职工代表、群众师生代表等 800 余人参加了报告会。

用生命践行使命的雪山赤子

武警西藏总队副政治委员　马小俊

郭毅力同志在高原整整奋斗 38 个年头，我和他并肩战斗 35 年，见证了他为西藏发展稳定和部队建设呕心沥血的军旅征程，目睹了他从一名基层指战员成长为共和国将军的戎马人生。

西藏高原素有"生命禁区"之称，在这里即使躺着不动，心脏负荷也相当于在内地负重 20 多公斤。恶劣的自然环境使郭司令员先后患上了多种高原疾病，他是用信念和毅力跟病痛抗争，与生命赛跑。2010 年 8 月，我跟他去波密检查工作，路上遇到山体塌方，飞溅的石子崩破了他的嘴唇，他仍坚持走遍所有的中队。2012 年年底，郭司令员到阿里调研，在穿越无人区时突遇特大冰雹，他和随行人员钻进废弃的羊圈里，在死亡峡谷被困了一天一夜。2013 年 6 月 20 日，部队执行任务，他连续工作几个昼夜，累倒在作战指挥平台上。他苏醒后，一下拔掉氧气罩说："部队正在前方执行任务，我这个司令员怎么能躺得住。"

我们总队兵力高度分散，各部队之间纵横相距数千公里，地形复杂、道路艰险，遂行任务机动难。他提出打造全域式机动部队的目标，建设磨炼部队处突能力的区域训练基地。他从基地选址到功能设计、从训练器材配置到生活设施配套，先后 69 次到现场办公，建成了武警部队西南地区最大、实战性强、功能齐全的训练基地。我们总队依托基地开展实战化训练，部队远程机动应急能力得到很大提升，10 多个单位被中央军委、武警部队授予称号、记功嘉奖。

郭司令员每年行程 5 万多公里，要跑废几套汽车轮胎，相当于绕地球赤道走了一圈多。乘坐的车辆成了移动的办公室，他坐上车子想问题，走下车子抓落实。2006 年 7 月，为确保青藏铁路安全顺利通车，他率领官兵在近 700 公里铁路线上，一路吃冰雪啃干粮，穿越无人区，连续奔波 5 天 5 夜，巡查排除数百个安全隐患；2008 年 5 月，为确保

2009 年 12 月 21 日，郭毅力总队长视察新训工作，并亲自对新兵军姿进行纠正。

奥运圣火登顶珠峰，他顶风冒雪不畏高寒缺氧，率领官兵先后 3 次登上珠峰大本营，把奥运圣火成功地护送到了地球之巅。

2012 年 9 月，总队重新修订处突预案，他带我到一座海拔 5000 多米的雪山上勘察地形，隐隐约约看到半山腰有一条人迹罕至的小路。我们把这条小路列入机动备用路线，在地图上做完标记，就打算原路返回。为了把这条备用路线真实路况搞清楚，使预案更准确，他非要带我们上山探个究竟不可。这条 20 多公里的崎岖山路，我们用了 8 个多小时才走完，修改了 10 多处与预案不相符的数据。他说："这真那真，亲眼所见才是真；这实那实，脚板走到才是实。"

郭司令员经常这样要求我们：海拔高标准要更高、缺氧气不能缺斗志、讲奉献更要作贡献。我们总队二支队特勤中队荣立集体三等功不久，他到中队蹲点，发现只有一名专业警士长会使用某新型侦察装备。他当场提出，特勤中队不能特在专人专能上，只有特在一专多能上才能真正过得硬。中队按他这个思路组织 30 多种装备、20 多个专业进行交叉训练，培养出一批上车能驾驶、下车能排爆的特战尖兵，先后完成数十次维稳处突任务。2010 年 2 月，中队被国务院、中央军委授予"雪域高原英雄中队"荣誉称号。

郭司令员下基层，途中啃的是冷馒头，到中队睡的是士兵的床、端的是战士的碗。有一次，我跟他到海拔 4800 多米的那曲班戈县中队检查工作，那天晚上气温零下 20 多摄氏度，他患上了重感冒躺在中队输液。前来看望的县政法委书记索郎扎巴，见郭司令员面色苍白、嘴唇发紫，恳请他搬到县招待所，他婉言谢绝。索郎扎巴得知他到部队总是和兵吃住在一起，感动地将 100 多年前，祖辈在江孜抗击外国侵略军用过的一支霰弹枪捧在郭司令员面前："只有您这样的将军，才配这支枪。"

郭司令员虽然离开了我们，他留下的是一座视使命如生命的不朽丰碑。他的精神将时刻激励我们，扎根高原，献身使命，永远做党和人民的忠诚卫士。

时刻保持箭在弦上的忧患意识

武警西藏总队第一支队支队长　陈能怀

我在郭司令员身边担任过训练处长和作战处长，他让我最敬佩的是善谋打仗、能打胜仗的指挥才能。

2007 年 9 月，我当训练处处长不久，他带我下部队调研，途经海拔 4500 多米的一座雪山，就在大家感到缺氧难受的时候，一个经幡环绕的小村庄出现在我们眼前，他急忙叫我打开地图，上边没有这个村庄的标记。他让我们马上现地勘察，把这里的军事数据搞清楚再走。当时天快黑了，前面的路还很危险。我心想，不就是一个普通的小村庄，有必要这么认真吗？没料到，两个月后，正是这个地方因草场纠纷发生械斗事件，由于我们事前地形勘察准确，兵力很快部署到位，迅速平息了事态。

郭毅力总队长在前往昌都支队调研途中勘察地形。

　　和郭司令员接触久了，我逐渐体会到，他能从司空见惯的山川河流中发现战略价值，从平淡无奇的道路村庄中想到战术运用，源于他时刻保持箭在弦上的忧患意识。他办公室里有一张长 10 米、宽 5 米的西藏地图，我经常看见他趴在上面，一手拿着放大镜、一手拿着红蓝铅笔，在上面排兵布阵、推敲战法。

　　2009 年 7 月，郭司令员带我到青藏铁路一个隧道执勤点检查。就在我们准备返回时，他突然指着一号隧道问中队长马琦："这个隧道有多少根枕木？"小马带领官兵每天走好几趟，从来就没在意这个事。他说："指挥员对执勤目标要心中有数，你们数一数，看看是不是 6194 根。"返回的路上，他告诉我："平时养成数学思维，执勤处突才能精确指挥！我刚才用步子量了一下，两根枕木的距离是 0.54 米，隧道长 3345 米，一算不就知道了吗？"回去后，我打电话问小马到底有多少根枕木，结果和他推算的一根不差！中队按照实际数据及时调整了应急预案。

事隔不久，我和他在一起下围棋，正当我下得起劲时，他突然一巴掌拍在桌子上，兴奋地说："你看，棋盘上每条线路就像城市的每条街道，361 个点就像我们的执勤点，如果把任务区域当成棋盘，在每个点上设岗布兵，就能形成一张让犯罪分子插翅难逃的天罗地网。"他带领我们反复研究，总结探索出"网格化巡逻""网格化布兵"等战法。他撰写的 50 多篇军事论文、研究出的 30 多种战法，如今都成了我们部队处突的"锦囊妙计"。

2010 年 5 月，我们支队建设作战指挥中心，为节约经费，我们打算把信息化设备换成低一个档次的型号，他知道后问我："这两种型号性能有多大差别？"我说："差不了多少。"他将两个装备的说明书反复比较，发现我们准备采购的设备，在高原性能发挥不好。"经费紧张不是我们降低标准的理由，突发事件不会因为环境恶劣而消失。大家宁可少吸一口氧，也要把能打仗的装备买回来！"在郭司令员的要

他一个庄严的军礼，印刻在了雪域高原战友们的心里。

求下，我们按打仗的标准配备了反恐、救援、防化、通信指挥等现代化作战装备。

郭司令员因公殉职前一天，我带领部队在几百公里外执行任务，他打电话要我认真研究高原山地处突战法。没想到，第二天向他汇报工作时，再也听不到他那熟悉的声音。

此时此刻，高寒缺氧的藏北高原，我们支队官兵正踏着他的足迹，在生命禁区驻训。我们一定不辜负党和人民的重托，用胜利的捷报告慰郭司令员！

留在海拔 5061 米的牵挂

武警西藏总队那曲支队七中队四级警士长 宗 雷

我们中队驻守在海拔 5061 米的青藏铁路唐古拉段无人区。这里是世界海拔最高的铁路线，一年四季风雪交加，最低气温达到零下 40 多摄氏度，空气含氧量只有内地的 42%，是"生命禁区"中的禁区。艰苦的环境和艰巨的任务，使我们这里成为郭司令员最牵挂的地方。

2009 年元旦，我们中队组建不久，郭司令员第一次来中队时，恶劣的天气就给了他一个"下马威"。那天，他一大早从拉萨出发，迎着暴风雪，天黑才赶到我们中队。车子一进营院，我们发现挡风玻璃上有一个拳头大的洞。司机姜成龙说，他们在路上遇到山体塌方，一块石头砸在车上，把司令员的眼镜都震掉了，车子差点冲下 20 多米深的悬崖。

郭司令员到中队还没坐下，就对干部说："今天是元旦，晚上的哨我们来站。让战士们好好休息一下，给家里打个电话。"中队长孙福林望着外面呼呼作响的暴风雪，告诉郭司令员，前几天，中队 200 多斤重的车库大门被狂风刮掉，吹在院子里满地打转，当时战士刘承清正在井边打水，一下子被狂风卷起，摔出好几米远。这样的恶劣天气，哪能让司令员去站哨呢？郭司令员动情地说："都说你们在山上执勤条件差、生活难，我不到哨位上站一站怎么知道有多苦，我不到风雪里吹一吹怎么知道有多难！"

那天夜里，郭司令员迎着风雪来到哨位，刚好是我在站哨。他看到哨位上有一根背包带系在护栏上，问我是干什么用的。我告诉他，这是我们发明的一个土办法，刮起暴风雪，我们就用这根背包带把自己拴在哨位上，这样就不会被大风吹跑。郭司令员听了，紧紧攥住我的手，好久没有说话，他给我敬了一个标准的军礼，双手接过我手中的钢枪，跨步走上哨位。我在风雪中含着热泪，将栏杆上的背包带系在了郭司令员腰上。走下哨位的那一刻，郭司令员雕塑般的军姿，就像珠穆朗玛峰耸立在我心头！那一夜，窗外大风呼啸，我们中队官兵谁也睡不着，因为一个将军在暴风雪中，挺立在我们海拔5061米的哨位上。他把自己系在了哨位，也把将军的一颗心和我们士兵的心紧紧系在一起。

遥远的唐古拉山，此时已是漫天风雪，在这条世界屋脊的铁路线上，我的战友们正在巡逻站岗，忠诚守护着郭司令员留在海拔5061米的牵挂。那一列列鸣着悠长笛声、从我们哨位旁飞驰而过的列车，正满载着我们高原官兵的心愿，也满载着西藏高原繁荣发展的梦想，同祖国人民一道奔向美好未来！

郭毅力总队长在阿里支队普兰县中队视察中队后勤建设。

爸爸，您是我永远的骄傲

郭毅力的女儿　郭　琦

2013 年 7 月 15 日，是我第 27 次走进西藏。以往，都是怀着喜悦的心情来与爸爸团聚，而这一次，我的手里却捧着爸爸的骨灰。我设想过无数种与爸爸相逢时的场景，却唯独没有这一种。如今，爸爸要长眠在他眷恋的雪域高原，我心里默念着：爸，我送你回来了。

我今年 23 岁，和爸爸在一起的日子，总共还不到 3 年时间。7岁前，我一直跟随外婆生活在四川老家，对爸爸妈妈的印象，是墙上穿军装的照片和电话那头亲切又陌生的声音。我12岁那年，妈妈带着我到拉萨去看爸爸，刚进门放下行李，屋里电话就响了，爸爸抓起电话听完后，还没等我们反应过来，就三步并作两步跨出了家门。第二天，听妈妈说，那曲发生雪灾，爸爸带领部队救灾去了。我那时经常不理解爸爸，生气地问他："爸，您除了工作还是工作，心里还有没有我和妈妈？"

高中毕业那年，我去拉萨看爸爸，意外地发现他办公桌上有个白色的按钮，我好奇地按了一下，一个叔叔紧张地跑了进来。在我的追问下，他告诉我，爸爸长期在高原工作，患上了好多高原疾病，半年来两次晕倒在办公室，才在办公室和家里都装上了呼叫器。几天后的一个深夜，爸爸带领部属研究演习方案，回家后又在书房翻看资料。天快亮时，呼叫器突然尖叫起来，我和妈妈急忙冲进书房，只见身着作训服的爸爸倒在地上。我急忙给他倒水拿药，心疼地劝他："爸，全国到处都有部队，您能不能换个地方啊？"他说："我在西藏30多年了，已经习惯这个地方，感情上离不开这个地方了。"看着爸爸脚肿得连鞋都穿不上，望着他桌子上堆满的材料，我真想全部都给藏起来，让爸爸好好休息一下。

当早晨的起床号吹响时，爸爸又精神抖擞出发了，好像什么事都没有发生过一样。望着他挺拔的背影，我心疼地掉下了眼泪，上街跑了好几家商店，为爸爸买了一双软底布鞋。当我帮爸爸试穿时，他高兴地来回踱着步子说："有女儿送的这双鞋，走再远的路，脚也不会疼了。"

打这以后，我更加牵挂爸爸的身体，每年寒暑假都要和妈妈一起去看望陪伴他。记得有一年大年三十晚上，爸爸要到布达拉宫广场替战士站岗，在我和妈妈一再要求下，爸爸同意我们陪着他一起去。那天晚上，深夜的拉萨气温零下 20 多摄氏度，我冻得直跺脚，爸爸却一动不动地站在哨位上。当新年钟声敲响时，广播里传来春节联欢晚会主持人向全军官兵拜年的声音。爸爸脸上露出自豪的微笑，他目视礼花绽放的夜空，庄重地敬了一个军礼。那一刻，我似乎明白了他常劝导我的那句话：一个人要把自己看小，把别人看大；要把家庭看小，把国家看大。

在送别爸爸那天，看着他安详地躺在花丛中，身上覆盖着鲜红的党旗，我多想再拉一次他的手，触摸的却是冰凉的灵柩。爸爸曾多次跟我说，他平时工作很忙，没有时间陪我，许诺等我出嫁时，一定牵着我的手陪我步入婚礼的殿堂。如今，爸爸无法兑现他对我的这个承诺。爸爸啊，多想再为您唱一曲长歌！

38 年前，爸爸当新兵时在拉萨种下了一棵白杨树，如今已是高耸入云、枝繁叶茂。那天，安葬好爸爸的骨灰，我把写满祝福的经幡挂在这棵白杨树上，一列列年轻的士兵从树下走过，步履雄壮。我仿佛看到，爸爸就在我眼前，他的脚步永远铿锵在格桑花盛开的地方！

感动喜马拉雅山的生命壮歌

西藏日报记者　德吉央宗

我采访郭毅力司令员的事迹，是从他的告别仪式上开始的。灵堂前，一副副写满悲痛的挽联、一条条寄托哀思的哈达、一双双噙满泪水的眼睛，给我心灵带来强烈的震撼。和平时期，一名将军的离去，为什么会有这么多素不相识的人来为他送行？为什么会给各族群众留下无尽的怀念？带着这些疑问，我开始追寻郭司令员留在高原 38 年的足迹。

在距拉萨 70 多公里的卡优村藏族汉子尼玛旺堆家里，一盏酥油灯燃烧的火焰，向我讲述着 3 年前那个冬天的下午：尼玛旺堆突发急性肠梗阻，疼得在地上直打滚。在抬往拉萨市医院的路上，郭司令员看到后急忙说："快，用我的车把病人送到武警医院！"他又打电话要求医院安排就诊，尼玛旺堆因抢救及时得救了。听到郭司令员因公殉职的消息后，尼玛旺堆点起这盏酥油灯，祭奠自己的救命恩人。我从这盏酥油灯的光亮中，开始看到一名共和国将军对待普通群众的态度，它燃起我采访的激情，催促着我去探寻他在高原留下的深深脚印。

沿着郭司令员生前留下的足迹，我来到工布江达县秀巴村，听到了喜迁新居的鞭炮声。80 岁的白马玉珍老人将斟得满满的青稞酒，高高地举过头顶，表达对郭司令员的由衷敬意。老人告诉我，她丈夫常年卧病在床，居住在破旧不堪的土房里，是郭司令员带领官兵开展"万人千户帮扶工程"，帮助她建起了藏式新居。循着白马玉珍家幸福的鞭炮声，在阿里，我看到了他当年带领官兵为村民打下的水井；在那曲，我看到了他当年亲手为群众修建的蔬菜大棚；在日喀则，我看到了他当年引进种植的樱桃西红柿。从各族群众幸福的笑脸里，我想起部队官兵常听郭司令员自勉的那句话：当好司令员，先要当好人民的勤务员。

"人民"二字寥寥几笔，郭司令员却在雪域高原用心写了 38 年。在江孜县年堆乡武警希望小学，我看到了孩子们坐在明亮的教室里，灿烂的笑脸像盛开的格桑花。有一次，郭司令员去林芝检查途中，发现 18 个采挖虫草的孩子蜷缩在帐篷里，当即到村里挨家挨户走访，看到有不少适龄儿童没有上学。他随后倡导每个支队与一个学校、每个大队与一个班级、每个中队与 1 至 2 名家庭特困的学生开展结对帮扶。10 多年来，郭司令员带领战友们在高原贫困地区，先后建起 15 所武警希望学校和 6 个武警春蕾女童班，让上千名失学儿童重新回到了课堂。

我是西藏农奴的后代，阿爸阿妈给我起名叫德吉央宗，这个名字在藏语里是幸福安康的意思。这是我父母对幸福生活的向往，也是我们西藏人民对美好明天的期盼。那天清晨，我手捧鲜花，来到拉萨烈士陵园，郭司令员的骨灰就安葬在这里，是陵园里竖立起的第 1440 座墓碑。他墓碑右边第 6 块墓碑上镌刻着"人民公仆孔繁森"，他墓碑后面长眠着为西藏和平解放壮烈牺牲的第 18 军将士。正是一个个郭毅力、一个个孔繁森、一代代扎根高原牺牲奉献的共产党员，带领各族群众团结奋斗，使这片古老的高原天翻地覆。我们西藏和平解放 60 多年来，适龄儿童入学率从不到 2% 提高到 99.4%，生产总值从 1.29 亿元提高到 700 多亿元，人均寿命从 35.5 岁提高到 68.17 岁。

带着郭司令员留给我的由衷感动，我走在雄伟壮丽的布达拉宫广场，站在鲜艳的五星红旗下，从一张张幸福的笑脸中看到，将军没有走，他把真情留在了雪山，把幸福留在了高原，把大爱永远镌刻在了雄伟的喜马拉雅山。

郭毅力将军生平

　　郭毅力（1958 年 5 月—2013 年 7 月 10 日），男，四川省雅安市人，武警少将警衔，汉族。中国共产党优秀党员，忠诚的共产主义战士，党和人民的忠诚卫士，优秀的军事指挥员，中国人民武装警察西藏自治区总队司令员（正军职），中共西藏自治区第八届委员会委员，第十二届全国人大代表。在他的带领下，武警西藏总队先后有 120 多个集体、300 多名个人被国务院、中央军委、西藏自治区表彰为先进。2013 年 7 月 10 日上午 9 时 30 分，因突发心脏病经全力抢救无效不幸因公殉职，终年 56 岁。

　　1958 年 5 月　出生于四川省雅安市。

　　1976 年 12 月　应征入伍。

　　1979 年 2 月　加入中国共产党。

　　1976 年 12 月至 1980 年 6 月　在西藏自治区公安厅武装民警处直属中队任战士。

　　1980 年 6 月至 1983 年 9 月　在西藏自治区边防武装警察总队机动中队担任排长、副中队长、中队长等职务。

　　1983 年 9 月至 1985 年 1 月　先后担任西藏自治区总队拉萨机场安全检查站副站长、站长。

　　1985 年 7 月至 1987 年 11 月　到武装警察部队学院边防系学习，成绩优异、表现良好，被评为"优秀学员"。

　　1987 年 11 月至 1990 年 5 月　任武警西藏自治区总队聂拉木边防检查站任副政委、政委。

　　1987 年、1988 年、1989 年　先后参加了平息拉萨骚乱事件、拉萨戒严任务。

　　1992 年 9 月至 1998 年 12 月　先后担任武警西藏总队原教导大队政委、原拉萨指挥学校副校长、校长等职务。

　　1998 年 12 月　任武警西藏总队后勤部部长。

　　2000 年 11 月　任武警西藏总队参谋长。

　　2003 年 5 月　任武警西藏总队副总队长。

　　2007 年 11 月　任武警西藏总队总队长（副军职）。在维稳处突中，因工作出色，提前晋升少将警衔。

　　2008 年 3 月　在平息"3·14"达赖集团策划煽动的严重破坏社会秩序打砸抢烧暴力犯罪事件中，任自治区联指参谋长，指挥有力，稳控事态，中央军委首长给予郭毅力高度评价："组织严密，堪称精确指挥。"

　　2008 年 2 月至 5 月　担任奥运圣火登顶珠峰和拉萨传

递安保任务工作总指挥，圆满完成任务。

2008 年 7 月　提前晋升少将警衔。

2012 年 10 月　任武警西藏总队司令员（正军职）。

2013 年 7 月 10 日　因心脏病突发全力抢救无效殉职。

将军您汇成了雪山，化作了白云，永远伴着我们驻守边疆……

后　记

　　本书写作过程中，得到诸多领导、武警官兵的热情帮助，一并感谢如下（排名不分先后），他们是：刘成俊、冯家海、曾友成、林海平、赵志斌、王天祥、王成磊、方和顺、钟宁、沙杰扎西、王建基、刘定伟、旺姆、宋欣、李家贤、束永飞、颜贝、赵荣虎、高效东、熊正勇、曾波、赵飞龙、孙浩然、熊正勇、干林、李海成、谭钰波、杨小虎、孟瑜、宋宪国、刘克纯、刘来刚、段顶鑫、马晓伟、朗杰、李绪祥、贾伟、宋晓东、杨勇、简勇、徐敬成、杨火赟、土登巴珠、郑勇、贺传鹏、彭大勇、王双、何伟华、唐冬平、何天明、路海超、许世军、石敏贤、蒲波、郑超、赵健、孟科、陈光荣、吕志锋、廖讯飞、夏仕国、唐豪、曲健、李坤营、雷迎春、王均良、夏仕国、林启敏、张同理、其米旺堆、罗份扎西、田富、姜成龙、韩春、马东俊……

　　感谢郭毅力将军的家人、亲朋好友的大力支持。

在本书写作过程中，还得到了《人民日报》《光明日报》《工人日报》《中国青年报》《中国武警报》《西藏日报》及人民网、新华网、中工网、中国西藏新闻网、中国武警网等媒体的鼎力支持，一并表示感谢。

感谢人民出版社黄书元社长、李春生副社长及所有为这本书顺利出版的编辑们，感谢你们为本书出版付出的辛勤劳动。

因时间和水平有限，疏漏在所难免，恳请批评指正。

再次向郭毅力将军致敬，向驻守在雪域高原的英雄官兵们致敬！

卢锐锋　郁致原

2015 年 11 月

策　　划：黄书元

责任编辑：娜　拉
组　　稿：赵　帅
封面设计：吴燕妮
版式设计：杜维伟

图书在版编目（CIP）数据

雪域将军——郭毅力／中国人民武装警察部队政治工作部等　编．
－北京：人民出版社，2015.12
ISBN 978－7－01－015618－7

I.①雪…　II.①武…　III.①郭毅力（1958~2013）－生平事迹　IV.① K825.2

中国版本图书馆 CIP 数据核字（2015）第 301354 号

雪域将军——郭毅力
XUEYU JIANGJUN——GUO YILI

中 共 中 央 宣 传 部 宣 传 教 育 局
中 央 军 委 政 治 工 作 部 宣 传 局　编
中 国 人 民 武 装 警 察 部 队 政 治 工 作 部

人民出版社 出版发行
（100706　北京市东城区隆福寺街 99 号）

北京盛通印刷股份有限公司印刷　新华书店经销

2015 年 12 月第 1 版　2015 年 12 月北京第 1 次印刷
开本：710 毫米 ×1000 毫米 1/16　印张：14.75
字数：250 千字　印数：00,001－50,000 册

ISBN 978－7－01－015618－7　定价：37.00 元

邮购地址 100706　北京市东城区隆福寺街 99 号
人民东方图书销售中心　电话：（010）65250042　65289539